CHRISTOPH · DUX

Thomas E. Goerke

Das Bankett

Handbuch für Profis

Von der Mise en place bis zur perfekt
gedeckten Tafel
Bankettorganisation und Service

2., überarbeitete Auflage

MATTHAES VERLAG GMBH

Vorwort

Der Erfolg im Bankettbereich ist von vielen Faktoren abhängig. Der immer anspruchsvoller werdende Gästekreis schraubt die Erwartungen an die Leistung immer höher. Es reicht einfach nicht mehr aus, den Gästen nur Speisen und Getränke von bester Qualität zu servieren, auch die übrigen Rahmenbedingungen müssen stimmen. Hier wird von der Gastronomie Kreativität und Ideenreichtum gefordert, so beispielsweise der Sinn für Ästhetik und Harmonie bei der Dekoration für eine Veranstaltung. Da die Orientierung zum Wohl des Gastes bei allem gastronomischen Wirken im Vordergrund stehen muss, kommt dem Verhalten der Mitarbeiterinnen und Mitarbeiter im Bankettservice besondere Bedeutung zu.

Im Veranstaltungsbereich können von der lernenden Fachkraft – eine positive Grundeinstellung zum Beruf vorausgesetzt – alle Schlüsselqualifikationen, die von den Betrieben von den Mitarbeitern heutzutage gefordert werden, erworben und eingesetzt werden. Schon bei der Planung von Veranstaltungen zeigt sich das Verkaufs- und Organisationstalent der Verantwortlichen, und bei der Durchführung sorgt die Fach- und Handlungskompetenz aller Mitarbeiter für einen reibungslosen Ablauf des Ganzen.

Die natürliche Freundlichkeit und Hilfsbereitschaft aller, zusammen mit einem perfekt durchgeführten Serviceablauf, schafft nicht nur eine Wohlfühlatmosphäre für die Gäste, sondern sorgt auch dafür, dass die Veranstaltungen für sie zum Erlebnis werden. Ob kleine Familienfeier oder aufwendige Großveranstaltung: Im Bankett ist immer eine gut funktionierende Teamarbeit mit Verstand, Herz und Hand von der Mannschaft gefordert. Gerne habe ich dieses Buch über den mit am interessantesten und abwechslungsreichsten Bereich in der Hotellerie und Gastronomie geschrieben und widme es allen voran dem Berufsnachwuchs sowie den angehenden Serviceprofis. Bereits während meiner aktiven Berufspraxis zählte die Bankettabteilung zu meinen Lieblingstätigkeitsfeldern; und auch heute noch spielt die Vermittlung von Servicefachkenntnissen und -fertigkeiten – auch im Kontext mit dem Veranstaltungsbereich – bei meiner Lehrtätigkeit die wichtigste Rolle. So ist es auch ein Ziel meines Fachbuchs, allgemeine fachliche Grundlagen zu vermitteln und Anregungen zu geben, sich im Arbeitsfeld Bankettbereich professionell zu vervollkommnen.

Die dabei aufgestellten Servierregeln orientieren sich an den von der Gastronomischen Akademie Deutschlands herausgegebenen Richtlinien, die auch von mir als fachliche Grundlagen für den klassischen Service angesehen werden.

Dem Leitspruch „Ein Bild sagt mehr als tausend Worte" folgend, war es mir auch ein wichtiges Anliegen, so viel wie möglich durch die Aussagekraft von Fotos und Illustrationen und nur so viel Inhalt wie nötig über den Text zu vermitteln.

Mit positiver Einstellung und Liebe zum Beruf als Grundlage und mit dem festen Willen, sich fachlich weiterzubilden und Gelerntes in der Praxis – zum Wohl der Gäste – umzusetzen und anzuwenden, wird sich mit Sicherheit der persönliche Erfolg einstellen, den ich allen meinen Leserinnen und Lesern wünsche.

Ihr

Thomas E. Goerke
Restaurant- und Hotelmeister
Technischer Lehrer an der Landesberufsschule für das Hotel- und Gaststättengewerbe in Bad Überkingen

Die Gäste werden
anspruchsvoller...

Die Leser dieses Buchs wissen es: Gastronomie ist heute ein schwieriges Geschäft. Nur wer eine Topleistung bringt, kann sich in diesem Geschäft auf lange Sicht erfolgreich behaupten. Wer aber Spitzenleistungen bringen will, muss sich ständig neu orientieren, sich informieren und weiterbilden. Das gilt auch und gerade für das Bankettgeschäft. Es zählt zu den schwierigsten, aber auch zu den interessantesten Bereichen in unseren Hotels und Restaurants.

Vom Verkauf über Organisation, Ausstattung und Menüauswahl bis hin zur Dekoration stellt ein Bankett besondere Anforderungen an Küche und Servicemitarbeiter. Diesen Anforderungen gilt es immer wieder aufs Neue gerecht zu werden und vor allem immer wieder anders.

Was wir in allen Bereichen in den letzten Jahren feststellen, gilt beim Bankett ganz besonders: Die Gäste werden anspruchsvoller. Ein perfekt zusammengestelltes und zubereitetes Menü reicht heute nicht mehr. Ein reibungsloser, freundlicher Service wird als Selbstverständlichkeit gesehen. Die Gäste verlangen mehr. Sie wollen emotional angesprochen werden. Das gilt gleichermaßen im Tagungs-, Bankett- und Außer-Haus-Service.

Deshalb muss ein Bankett heute eine Inszenierung sein, die den Gast mit allen seinen Sinnen anspricht und bei der alles stimmig passt. Das setzt Kreativität und Ideenreichtum voraus. Allerdings braucht auch der kreativste Kopf von Zeit zu Zeit Anregungen, und deshalb kann auch das „Handbuch für Profis" sicher dazu beitragen, dass vom Mise en place bis zur gedeckten Tafel, von der Bankettorganisation bis hin zum Service alles perfekt klappt und das Bankettgeschäft zu einem Erfolg wird.

Ernst Fischer
Präsident des Deutschen Hotel- und Gaststättenverbandes
(DEHOGA)

Inhalt

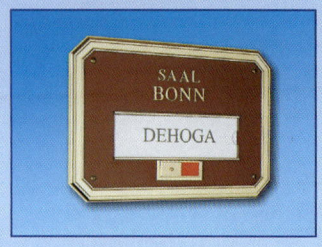

1

Räume, Tisch- und Tafelformen   8

Schematischer Aufbau und Ausstattungsmerkmale zu
Räumen, Tisch- und Tafelformen für den Konferenz-,
Tagungs- und Seminarbereich sowie für den Bankett-
bereich.

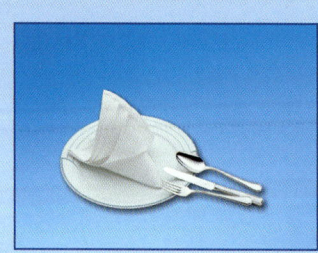

2

Materialkunde   22

Vom Mobiliar über Tischwäsche und Serviettenformen
bis hin zu Besteck, Gläsern und Porzellan – Fachwissen
zu allen Bereichen der Materialkunde.

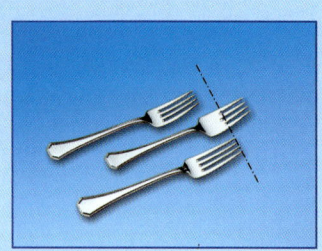

3

Regeln für das Eindecken   88

Von den Voraussetzungen bis zu den Abschluss-
arbeiten; die klassischen Regeln des Eindeckens
mit einer Dokumentation der einzelnen Arbeitsschritte.

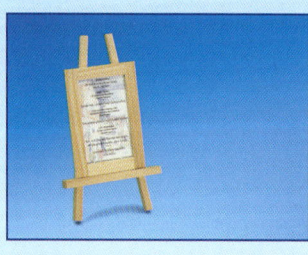

4

Menüs, Büfetts und Gedecke   102

Die Menügestaltung mit korrespondierenden Getränken.
Vom einfachen Menügedeck über Festgedecke mit
Spezialbesteckteilen bis hin zum Gedeck für ein Wein-
Degustationsmenü.

5

Dekorationen, Tisch- und Tafelkultur   130

Die Erstellung von Blumenschmuck und Tischdekoration.
Zahlreiche Vorschläge für kreative Tischgestaltungen
mit jahreszeitlichem Bezug und für die unterschiedlichsten
Anlässe.

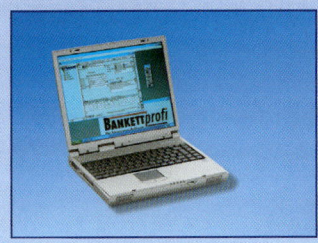

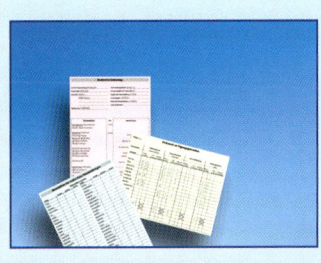

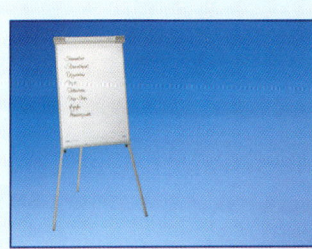

1

Räume, Tisch- und Tafelformen

Konferenz-, Tagungs- und Seminarbereich

Die Räume für Konferenzen und Tagungen sind als Arbeitsräume für die Teilnehmer anzusehen und müssen deshalb über eine entsprechende Größe sowie ausreichend Tageslicht und Belüftungsmöglichkeiten verfügen.

Vom Gruppenarbeitsraum bis zum Kongress-Saal sollten die Räume mit den verschiedensten Einrichtungen und Anschlüssen ausgestattet sein. Verdunkelungsmöglichkeiten und eine platzsparend in der Decke eingelassene Projektionsfläche gehören heutzutage zum Standard eines gut ausgestatteten Tagungsraums und ermöglichen so das schnelle Realisieren einer Bildschirmpräsentation oder eines Diavortrags. Außer einer großen Zahl

von Steckdosen sind für den zeitgemäßen Tagungsbetrieb im Raum weitere Anschlüsse für Telefon, Fax, Kabelfernsehen, Computer und Modems erforderlich.

Die wichtigsten technischen Hilfsmittel sind

- Flipchart mit Papier und Stiften
- Overheadprojektor und mobile Leinwand
- Diaprojektor
- Videoanlage mit Kamera, Monitor und Abspielgerät
- Mikrofonanlage, drahtlos oder mit Kabeln
- Beamer zum Übertragen von Bildschirmpräsentationen vom PC auf eine Projektionsfläche
- Pinnwände und Moderationskoffer zur Durchführung von Veranstaltungen mit Metaplantechnik
- Rednerpult für größere Vortragsveranstaltungen

Konferenzraum mit eingedeckter Blocktafel.

Aufwendige Ausstattungsgegenstände, wie z. B. eine komplette Simultan-Dolmetscheranlage, müssen gegebenenfalls von der Bankettabteilung beschafft werden können. Gut ausgestattete Tagungszentren verfügen über weiteres Equipment, das den Service und Komfort für Seminarleiter und Teilnehmer während der Tagung komplettiert. So können für die Referenten z. B. Utensilienboxen mit Schere, Locher, Hefter, Tesafilm, Klebestift, Textmarkern, Filzstiften, Kugelschreibern, Bleistiften, Anspitzer, Radiergummi, Büroklammern, Haftnotizzetteln usw. und für die Seminargäste Notizblöcke mit Stiften sowie Pfefferminzbonbons zur Verfügung gestellt werden. Finden im Konferenzbereich des Hauses öfter Tagungsveranstaltungen mit Arbeiten in kleinen Gruppen statt, sollten auch entsprechende Gruppenarbeitsräume zur Verfügung stehen. Da die Kommunikation per E-Mail und die Nutzung des Internets heutzutage gerade für Geschäftsleute und damit für Tagungsteilnehmer immer wichtiger

wird, verfügen moderne Konferenzabteilungen über so genannte Business-Center. Diese Räume, die mit den verschiedensten EDV-Einrichtungen wie PC mit Internetzugang, Drucker und Scanner ausgestattet sind, werden den Seminargästen zur Nutzung zur Verfügung gestellt. Für das Bestuhlen von Tagungsräumen und das Stellen von verschiedenen Tischformen sind die Größe des Raums, die Art der Veranstaltung, die Teilnehmerzahl und die sonstigen besonderen Wünsche des jeweiligen Seminarleiters zu berücksichtigen.

Für Besprechungen, Tagungen, Konferenzen und Seminare bieten sich folgende Tafelformen an: runder Tisch, Blocktafel, ovale Blocktafel, Karree, T-Tafel, U-Tafel und E-Tafel. Die Skizzen ab Seite 14 erläutern das Aussehen der verschiedenen Tischformen.

U-Tafeln werden im Konferenzbereich – zur besseren Beobachtung der Demonstrationen in der Mitte vor der Öffnung des U – nur außen bestuhlt.

Konferenzraum mit eingedeckter U-Tafel.

Um die natürliche Blickrichtung der Teilnehmer zur Demonstrationsfläche in der Mitte zu gewährleisten, kommt außerdem die so genannte V-Form in Frage. Diese Form kann bei Seminarveranstaltungen mit kleiner Teilnehmerzahl von 10 bis 15 Personen gestellt werden. Der Vorteil dabei ist, dass die Konferenzteilnehmer dem Vortrag folgen können, ohne den Kopf dabei zu sehr drehen zu müssen.

Für Vorträge und Schulungen eignet sich vor allem die parlamentarische Sitzordnung, die mit schräg gestellten Tischreihen auch als Fischgrätenanordnung bezeichnet wird, sowie die Reihenbestuhlung.

Bei dieser Bestuhlungsform ist darauf zu achten, dass die Plätze in den Reihen hintereinander, ähnlich wie in einem Kino, versetzt angeordnet sind, um den freien Blick der Teilnehmer nach vorne zu gewährleisten.

Beim Stellen und Ausstatten der Konferenzräume ist auch die Positionierung der Tischform im Hinblick auf den Eingang des Raums zu berücksichtigen. Während im Bankettbereich bei der Nutzung des Raums für eine Familienfeier die vorgesehene U-Tafel zum Eingang hin geöffnet gestellt wird, sollte in einem Tagungsraum die U-Tafel mit der geschlossenen Seite zum Eingang zeigen.

Begründet wird diese Vorgehensweise damit, dass wenn während eines bereits laufenden Seminars ein Teilnehmer verspätet den Raum betritt, dieser die Veranstaltung nicht so arg stört. Wäre der Eingang in der Nähe der Demonstrationsfläche, würde sich die Aufmerksamkeit aller auf den Neuankömmling richten und der Vortrag des Tagungsleiters höchstwahrscheinlich unterbrochen werden.

Konferenzraum, eingedeckt, mit parlamentarischer Tischordnung.

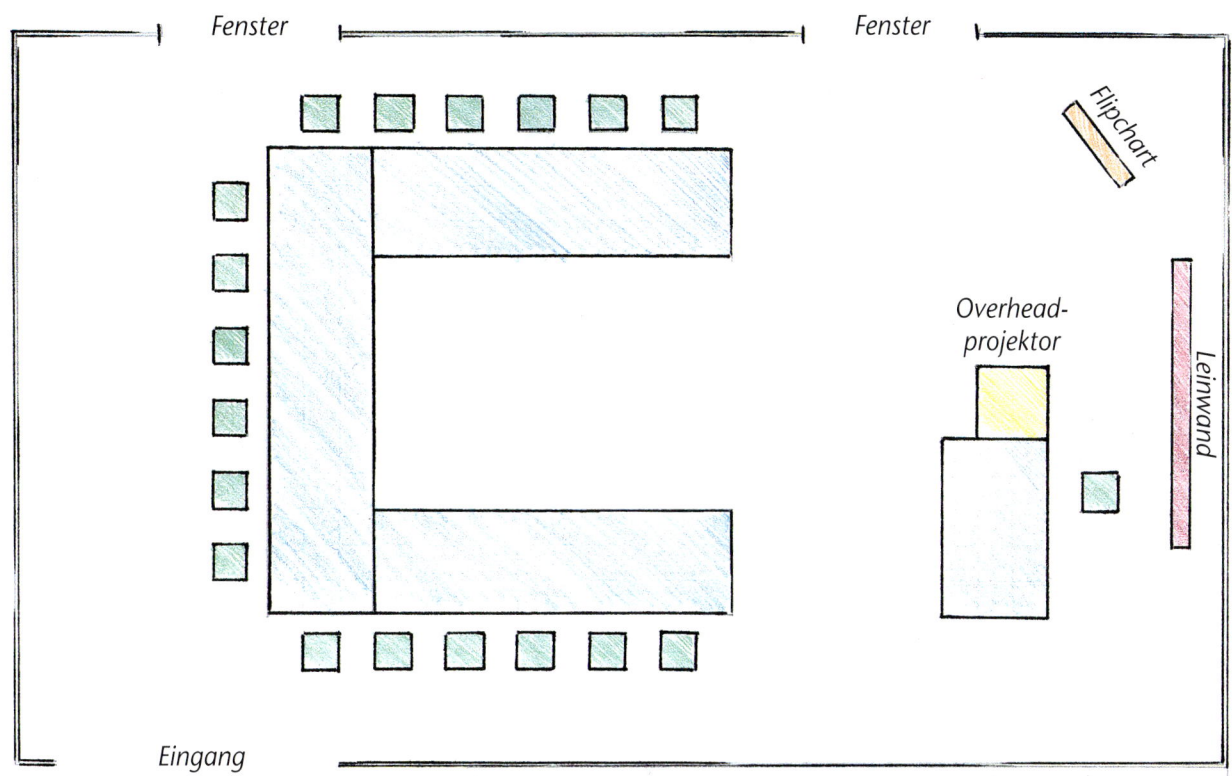

Beispiel für die Gestaltung eines Konferenzraums.

Konferenzraum mit eingedecktem rundem Tisch.

Tisch- und Tafelformen für den Tagungsbereich im Überblick

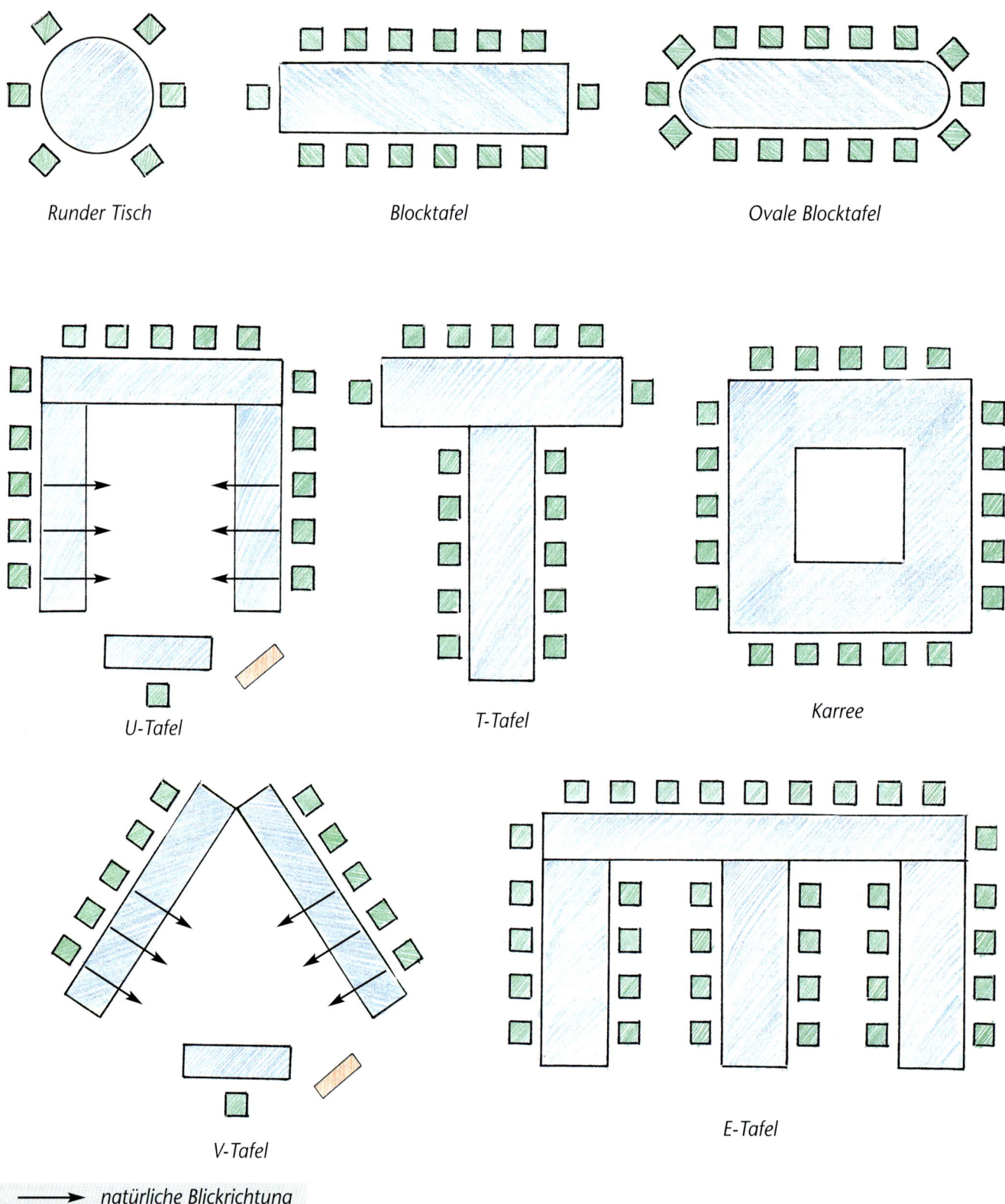

Runder Tisch

Blocktafel

Ovale Blocktafel

U-Tafel

T-Tafel

Karree

V-Tafel

E-Tafel

→ natürliche Blickrichtung

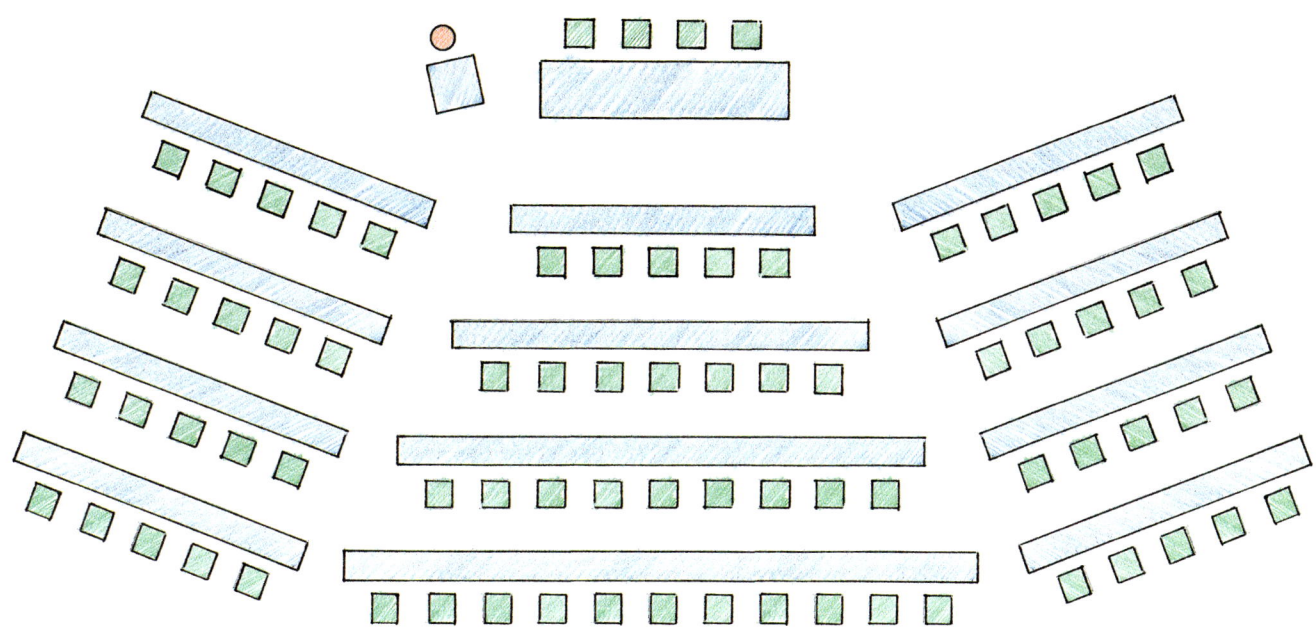

Parlamentarische Bestuhlung

Reihenbestuhlung

Bankettbereich

Die Räumlichkeiten für Sonderveranstaltungen und Festlichkeiten sollten hinsichtlich des Boden-, Wand- und Deckenbelags gediegen ausgestattet sein und müssen über eine Beleuchtungseinrichtung mit der Möglichkeit, das Licht mit einem stufenlosen Helligkeitsregler (Dimmer) einzustellen, verfügen. Finden in diesen Räumen öfter Veranstaltungen mit Rahmenprogrammen, Musik und Tanz statt, so müssen auch die entsprechenden technischen Einrichtungen, wie z. B. Starkstromanschluss, Bühnenelemente, mobile Tanzflächen, Mikrofon- und Lautsprecheranlagen, vorhanden sein. Welche Tafelform letztendlich für die Veranstaltung gestellt wird, hängt auch im Bankettbereich von den Faktoren Größe des Raums, Personenzahl, Veranstaltungsanlass und Wunsch des Gastgebers ab. Die wesentlichen Tafelformen für diesen Bereich sind aufgelockerte Form mit runden oder eckigen Tischen bzw. Blöcken, Doppelblocktafel, U-Tafel, T-Tafel, E-Tafel und Kammtafel.

Bei der U-Tafel werden auch die beiden Innenseiten der Schenkel mit Gästen besetzt, so dass die Verständigung untereinander und die Geselligkeit gefördert werden.

Bei Festveranstaltungen spielt die Platzierung der Ehrengäste eine wesentliche Rolle.

Die Ehrenseite einer Festtafel, z. B. einer U-Tafel, sollte sich nach Möglichkeit gegenüber dem Eingang für die Gäste befinden. Die Ehrenplätze befinden sich genau in der Mitte der Ehrenseite.

Bei einer längeren Blocktafel für eine Hochzeit sind die Ehrengäste, also das Brautpaar, nicht an der Schmalseite, also vor dem Kopf der Tafel, zu platzieren, sondern in der Mitte der Längsseite, die sich dem Eingang gegenüber befindet. Dies hat den Vorteil, dass sich der Kommunikationsraum für die Ehrengäste, also die Hauptpersonen, nicht nur auf die Gäste links und rechts von ihnen, sondern auch auf die Gäste auf der gegenüberliegenden Seite der Tafel erstreckt.

Weitere Tafelformen für den Bankettbereich im Überblick

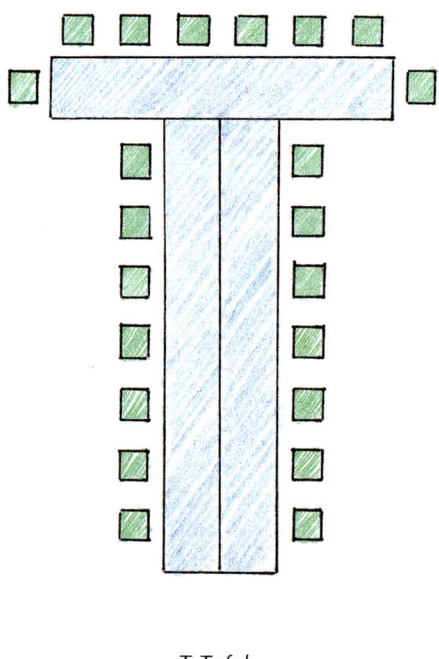

T-Tafel

E-Tafel

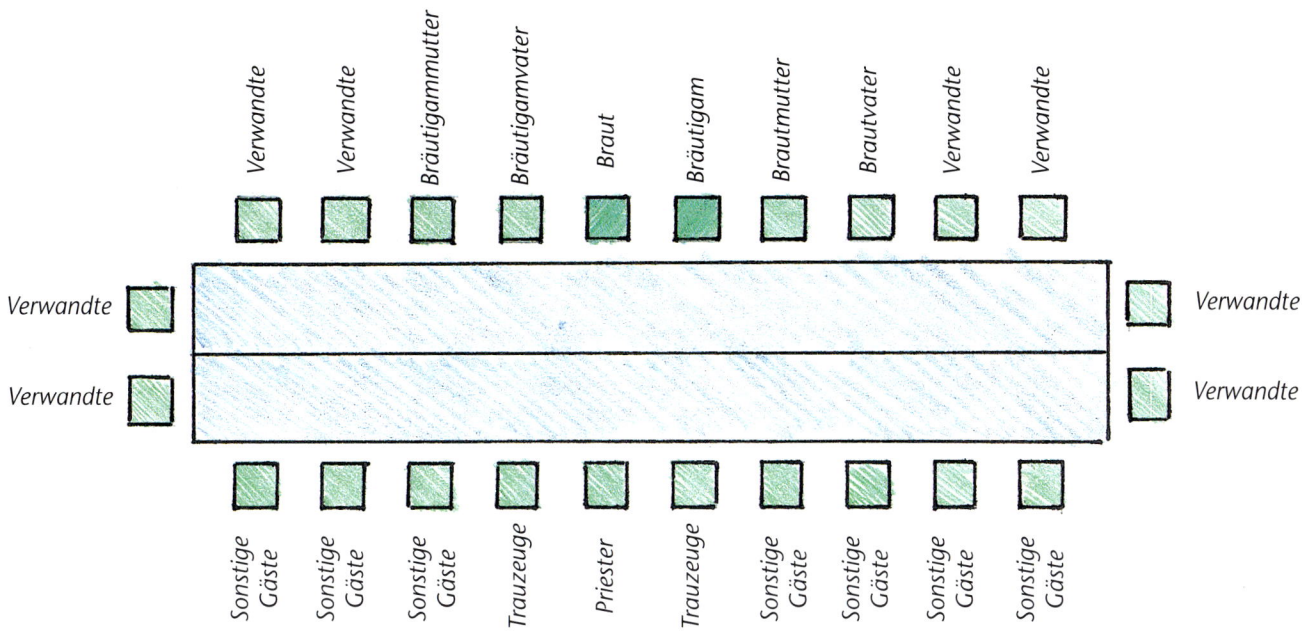

Beispiel für die übliche Platzierung der Gäste an einer Doppelblocktafel für eine Hochzeitsfeier.

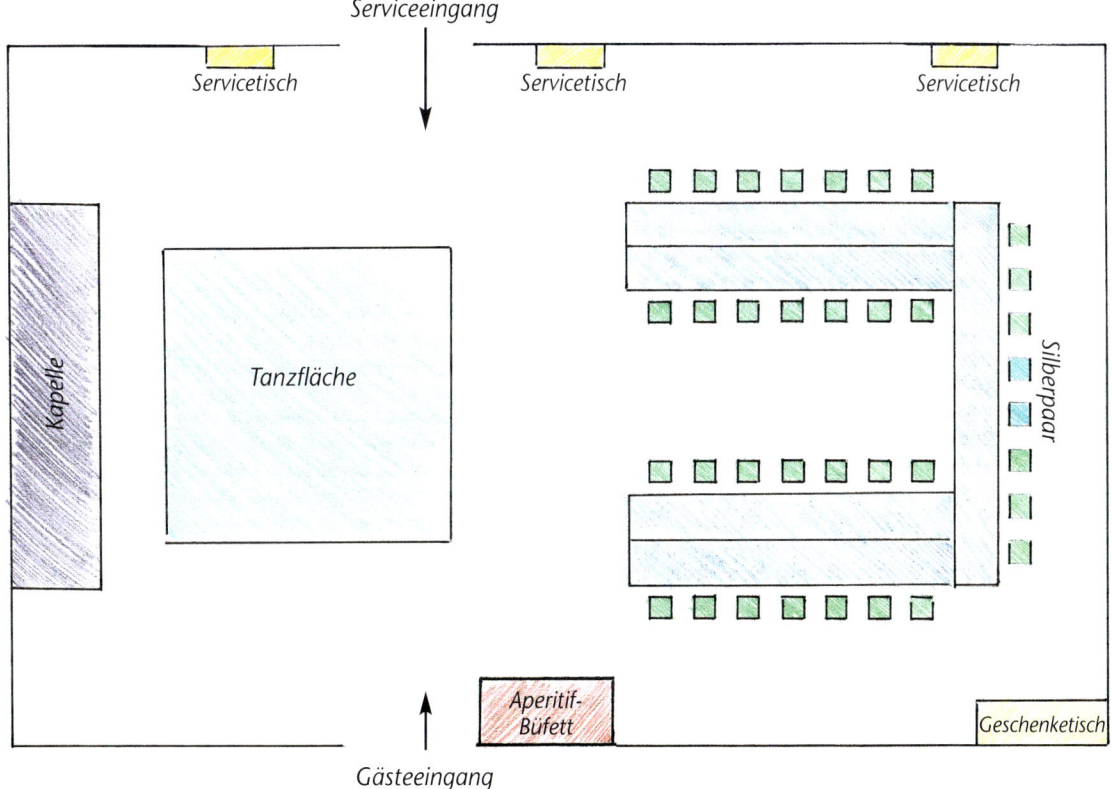

In diesem Beispiel für eine Silberhochzeitsfeier wird die U-Tafel zum Gästeeingang und zur Tanzfläche hin geöffnet gestellt. Die Schenkel des U bestehen aus Doppelblocktafeln, damit ausreichend Raum zum Eindecken der Gedecke und zum Platzieren der Dekoration bleibt. An der geschlossenen Seite der U-Tafel genügt die einfache Tischbreite, da sie nur an einer Seite eingedeckt wird.

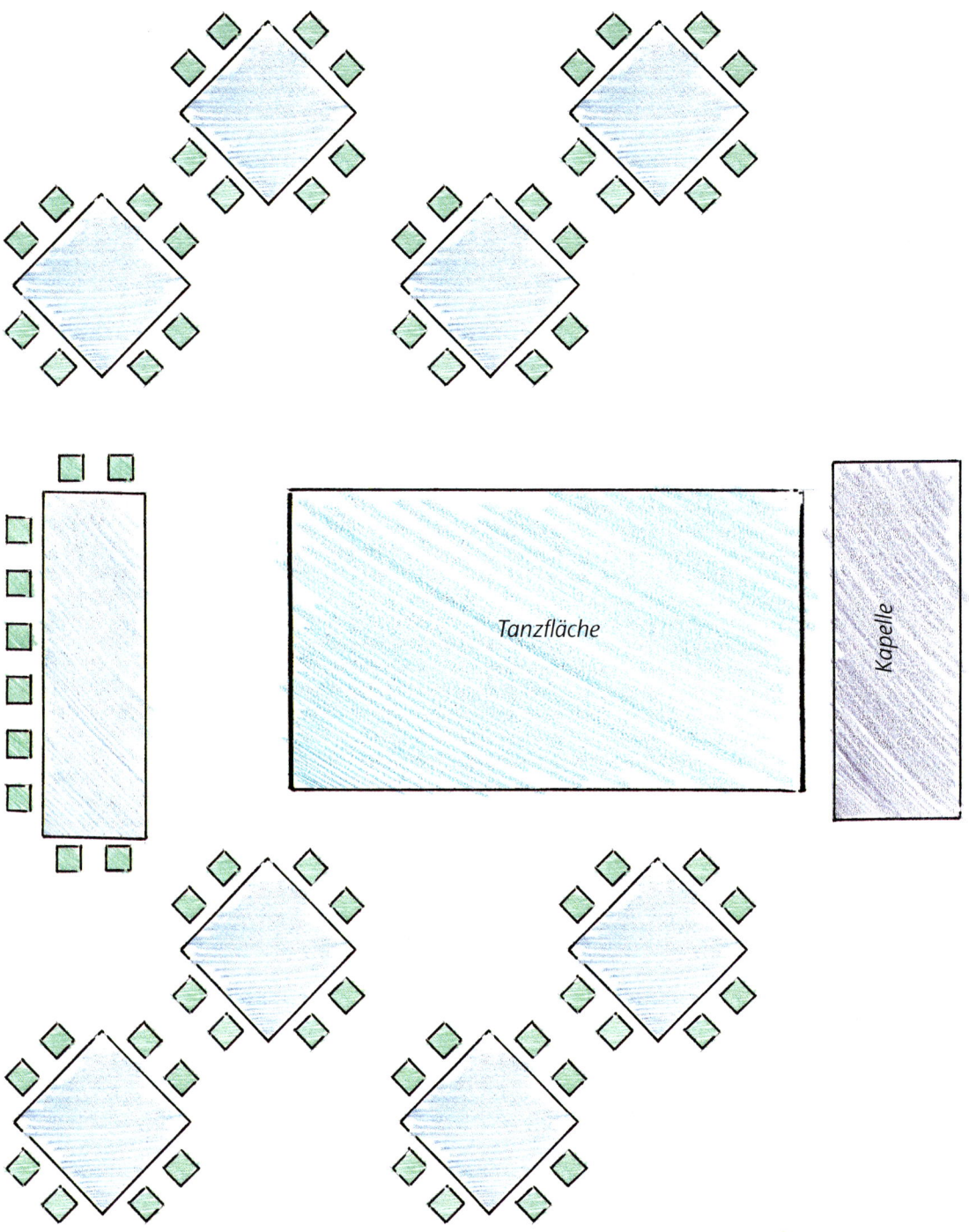

Beispiel für eine aufgelockerte Tischanordnung mit Doppelblöcken, was eine Alternative zu runden Tischen darstellen kann, falls die Bankettabteilung über solche nicht verfügt. Der Ehrentisch als Doppelblocktafel ist auch hier gegenüber der Tanzfläche vorzusehen.

Die Durchführung von Firmenveranstaltungen mit großen Personenzahlen stellt oft eine Herausforderung für die Bankettabteilung dar. So kann beispielsweise im Veranstaltungssaal von morgens bis zum frühen Abend die Tagung mit parlamentarischer Sitzordnung stattfinden. Da der gleiche Saal am Abend für die Festveranstaltung mit kalt-warmem Büfett, Kapelle und Tanz benötigt wird, heißt es, den Raum nach der Tagung schnellstens umzubauen. Das bedeutet vor allem, dass alle Materialien fertig zum Eindecken vorbereitet sein müssen und in der Umbauzeit alle verfügbaren Mitarbeiter eingesetzt werden.

Die Bilder, die in einem Kongresszentrum aufgenommen wurden, verdeutlichen dies. Am oberen Bildrand erkennt man die von der Tagung abgebauten Parlamenttische, die bereits auf den Transportwagen aufgestapelt sind. Die Wagen stehen auf einer Hebebühne bereit, um sie in das Untergeschoss unter den Saal zu fahren. Dieser Spezialaufzug wird im späteren Verlauf der Abendveranstaltung nochmals dafür verwendet, das Büfett sozusagen im Keller darauf aufzubauen und dann in den Saal hochzufahren, was einen zusätzlichen Showeffekt für die Gäste erzielt. Befindet sich die Hebebühne im Untergeschoss, so sichert im Saal ein Geländer die Öffnung.

Einer der prachtvollen Galeriesäle im Barockschloss in Ludwigsburg, eingedeckt für ein Galabankett, bei dem Königin Silvia von Schweden als Ehrengast geladen war.

2

Materialkunde

Mobiliar und Einrichtungs-gegenstände

Tische und Stühle sowie Podien und Tanzflächenele-mente für den Bankettbereich müssen stabil und robust sein und dennoch den ästhetischen Ansprüchen ge-recht werden. Bei Tischen ist die stabile Konstruktion von Unterbau und Tischplatte, bei Stühlen sind die Ergonomie und der Sitzkomfort besonders wichtig. Sie dürfen kein zu hohes Gewicht haben und sollten sicher zu stapeln sein. Da im Bankettbereich das ge-samte Mobiliar häufig bewegt wird, sind dafür spezielle Transportwagen nötig. Die Bankettabteilung sollte außerdem über ausreichend Stauraum zum Lagern der Ausrüstung verfügen.

Bankett-, Konferenz- und Stehtische

Die Klapptische für den Bankettbereich haben die unter-schiedlichsten Formen: quadratisch und rechteckig, rund und oval sowie halbrund und Segmente zum Er-gänzen und Anstellen an die Tafel. Bei den Untergestel-len gibt es Varianten mit vier Beinen oder mit Zwei-Säulen-T-Füßen. Wichtig ist bei allen Klapptischausfüh-rungen, dass die Tischbeine auch im zusammengeklapp-ten Zustand zu verriegeln sind, was ein unbeabsichtigtes Ausklappen der Tischbeine verhindert.
Im Konferenzbereich werden die Tische größtenteils ohne Tischdecken verwendet und sind in ansprechender Optik sogar mit Echtholzelementen erhältlich. Es wer-den hauptsächlich rechteckige Tische in Größen von 60 bis 80 cm x 120 bis 180 cm, häufig aber auch die

Verschiedene Tischformen im Überblick. Viele dieser Tischformen entstehen, wenn die Tische mit entsprechenden Seg-menten kombiniert werden.

so genannten Parlamenttische mit einer Größe von 40 x 160 bis 180 cm verwendet. Seltener sind im Konferenzbereich runde Tische mit einem Durchmesser von 160 bis 180 cm.

Für besondere Veranstaltungen, wie z. B. Stehempfänge, aber auch für die Pausenzone bei Tagungen, Seminaren und Konferenzen, bietet sich die Verwendung von Stehtischen an. Sie werden auch als Bistrotische bezeichnet und haben eine durchschnittliche Höhe von 105 bis 110 cm; der Durchmesser der Tischplatte reicht von 60 bis 90 cm.

> Die gängigsten Größen im Bankettbereich sind
>
> bei quadratischen Tischen
> 80 x 80 cm
> bei runden Tischen Durchmesser
> von 90 bis 185 cm
> und bei rechteckigen Tischen
> von 122 bis 240 cm x 38 bis 76 cm
>
> Die optische Ausführung der Banketttische verlangt meistens, diese Tische mit der entsprechenden Tischwäsche auszustatten.

Stühle

Stühle im Bankett- und Konferenzbereich müssen vom Design her zum Stil und zu der Ausstattung – Wand-, Boden- und Deckenbelag sowie Beleuchtungseinrichtungen – der Veranstaltungsräumlichkeiten passen. Sie können mit oder ohne Armlehnen ausgestattet sein. Bei häufigem Einsatz von Reihenbestuhlung sind Zubehörteile wie Reihenverbindungen und Schreibtabletts durchaus sinnvoll. Außerdem sollten die Stühle mit den zum Bodenbelag passenden Gleitern – bei Parkettfußboden Filzgleiter, bei Teppichboden Kunststoffgleiter – versehen sein.

Im Konferenzbereich spielt der Sitzkomfort gerade bei Tagungen, die sich über den ganzen Tag hinziehen, eine besonders wichtige Rolle. Die Stühle für diesen Bereich sollten deshalb den Ansprüchen an den ergonomischen Sitzkomfort – z. B. durch eine in der Rückenlehne integrierte Lendenwirbelstütze – gerecht werden. Da für den Bankett- und Tagungsbereich große Mengen Stühle benötigt werden, ist es wichtig, dass die Stühle leicht beiseite geräumt werden können. Platzsparend sind

stapelbare Stühle. Nicht notwendige Stühle und Tische werden üblicherweise im Stuhl- und Tischlager aufbewahrt. Dieses sollte nicht zu weit vom Tagungsraum entfernt liegen.

Der Transport von Stühlen vom Stuhl- und Tischlager in den Veranstaltungsraum ist mit der Stuhlstapelkarre leicht, kräftesparend und rückenschonend.

Sonstige Ausstattungsteile

Ob weitere Einrichtungsgegenstände im Bankettbereich erforderlich sind, hängt vor allem von den Anlässen der verschiedenen Veranstaltungen ab, die im Betrieb häufig durchgeführt werden. Im Einzelnen können z. B. mobile Tanzflächen oder Bar-, Bühnen- und Podienelemente, Paravents, Standascher, Rollspiegel, Garderoben und Absperrständer in Frage kommen. Vor allem bei der Verwendung von Podienelementen und mobilen Tanzflächen sind die Fachkräfte aus der technischen Abteilung des Hauses gefordert, den Aufbau im Bankettsaal durchzuführen. So müssen beispielsweise die Parkettplatten für die Tanzfläche mit Spezialwerkzeug so fest miteinander verbunden werden, dass sie bei der Belastung, die beim Tanzen auftritt, nicht auseinander rutschen und damit eine Unfallgefahr darstellen.

Tischwäsche und Serviettenformen

Die Tischwäsche spielt im Bankettbereich eine wesentliche Rolle, da sie den Charakter und das Ambiente des jeweiligen Banketts besonders betont.
Stil und Niveau des Hauses sowie Ansprüche und Erwartungshaltung der Gäste bestimmen Material, Qualität und Farben der Tischwäsche.

Materialien

Hochwertige Tischwäsche wird überwiegend aus Baumwolle, Reinleinen oder Halbleinen hergestellt. Als beste und eleganteste Qualität gilt die Damasttischwäsche mit einer glatten Gewebeoberfläche. Ist der Damast zusätzlich noch merzerisiert, so kommt ein dezenter Glanz dazu. Damast wird aus reiner Baumwolle oder einem Mischgewebe aus Baumwolle und Zellulosefasern hergestellt. Verschiedene Designs, wie die Atlaskante, Punkte, Sterne, Rauten, florale Muster sowie Schriftzüge und Hausembleme, können eingewebt sein. Diese großflächigen Ornamentmuster bezeichnet man auch als Jacquardeinwebungen. Tischwäsche aus Damastgewebe kommt im Bankettbereich hauptsächlich für festliche Veranstaltungen aller Art in Frage. Tischwäschegegenstände aus anderen Mischgeweben, wie z. B. Halbleinen mit etwas gröberer Oberflächenstruktur, kommen vorwiegend im Tagungs- und Seminarbereich der Bankettabteilung zum Einsatz.

Pflege der Tischwäsche

Unabhängig davon, ob die Tischwäsche des Bankettbereichs im Haus oder in einer Wäscherei gewaschen wird, sind für die optimale Pflege und damit für den möglichst langfristigen Erhalt der Wertbeständigkeit der Wäsche folgende Punkte zu beachten:
* Sowohl die Waschmaschine wie auch der Trockner sind korrekt zu beladen, da es sonst zu erhöhter Knitterbildung, Vergrauung und vorzeitigem Verschleiß durch forcierte Zerstörung des Gewebes kommt. Bei geringer Beladung der Waschmaschine ist auch dementsprechend die Waschmittelmenge zu reduzieren.
* Fabrikneue Tischwäsche sollte vor Gebrauch mit niedriger Temperatur durchgewaschen werden. Dieses verhindert ein zu starkes Einlaufen, und die Teile bewahren ihre Geschmeidigkeit.
Da farbige Wäschestücke überschüssigen Farbstoff enthalten können, sollten sie einige Male getrennt von älteren Teilen gewaschen werden.

* Weiß- und Buntwäsche muss grundsätzlich getrennt behandelt werden, und es müssen jeweils spezielle Waschmittel eingesetzt werden. Optische Aufheller und Bleichmittel sind bei weißer Wäsche wirkungsvoll, führen aber bei Buntwäsche durch die Überlagerung mit so genannten Weißtönern zu Farbveränderungen.

* Bei der Waschdosierung ist eine Unterdosierung zu vermeiden, da diese Kalkablagerungen entstehen lässt. Diese können zu Griffverhärtungen der Textilien sowie zu Weißgradminderungen bei Weiß- und zu Farbtonänderungen bei Farbwäsche führen.

* Die Hinweise auf dem Pflegeetikett mit den Pflegesymbolen sind zu beachten, wobei die Einhaltung der empfohlenen Waschtemperaturen besonders wichtig ist.

* Verschmutzte Wäsche darf man nicht zu lange liegen lassen, da gealterte und eingetrocknete Verfleckungen erheblich schwerer zu entfernen sind als frische. Es empfiehlt sich, die Tischwäsche sofort einzuweichen und stark gerbstoffhaltige Flecken (Rotwein), wie sie im Bankettbereich häufig vorkommen, vor dem Waschen mit einem Spezialmittel zu behandeln.

* Die Textilien sollten immer in Längsrichtung, also in Kettrichtung, gemangelt werden, damit sie sich nicht verziehen und die Maße behalten.

* Die Tischwäsche ist nach der Pflege bis zur Verwendung so aufzubewahren, dass sie nicht knittern, verstauben oder von Motten befallen werden kann.

Bei der Lagerung der Tischwäschegegenstände in Schränken oder Regalen muss darauf geachtet, dass sie mit den geschlossenen Kanten nach vorne übereinander gestapelt werden. Diese Methodik erleichtert den Überblick über die vorhandenen Mengen und das Zählen bei Inventuren.
Tischwäsche wird im Allgemeinen außer nach der Gewebequalität und der Farbe auch nach der Größe und der Zweckbestimmung unterschieden. Danach gibt es Tischtuchunterlagen, Tafeltücher, Tischtücher und Tischdecken, Platzdeckchen, Deckservietten, Tischvorhänge sowie Mundservietten, die im Veranstaltungsbereich verwendet und nachfolgend beschrieben werden.

Tischtuchunterlagen

Diese sind besser unter dem Fachbegriff Molton (von französisch: mollet = weich) bekannt. Diese Moltons werden meistens aus einem dicken, beidseitig aufgerauten Baumwollgewebe hergestellt, können aber auch aus einem gummiähnlichen Kunststoffmaterial bestehen. Baumwollmoltons werden zur Fixierung auf dem Tisch entweder mit einem am Rand umlaufenden Gummizug – wie bei einem Spannlaken – oder mit Bändern an den Ecken versehen. Mit den Bändern kann der Molton an den Tischbeinen fixiert werden. Bei Moltons mit Gummizug ist bei der Größe außer der Tischplattengröße auch die Höhe der Tischplatte zu berücksichtigen. Tischtuchunterlagen aus Kunststoffmaterial sind besonders rutschfest und als Meterware sozusagen von der Rolle erhältlich. Damit kann man sie gerade für sehr unterschiedliche Tischformen, wie sie im Bankettbereich häufig vorkommen, entsprechend zuschneiden. Bei diesen Unterlagen ist zu beachten, dass man sie keinesfalls gefaltet, sondern immer gerollt aufbewahren sollte.

Folgende Gründe sprechen für die Verwendung von Moltons im Bankettbereich:

* rutschfest
* geräuschdämmend
* verringerte Bruchgefahr
* Tischwäsche wird an Ecken und Kanten geschont
* Schutz der Tischoberfläche vor Beschädigungen durch Hitze und Flüssigkeiten
* satteres Aussehen des Tischs
* die Tischoberfläche fühlt sich für die Gäste weicher an

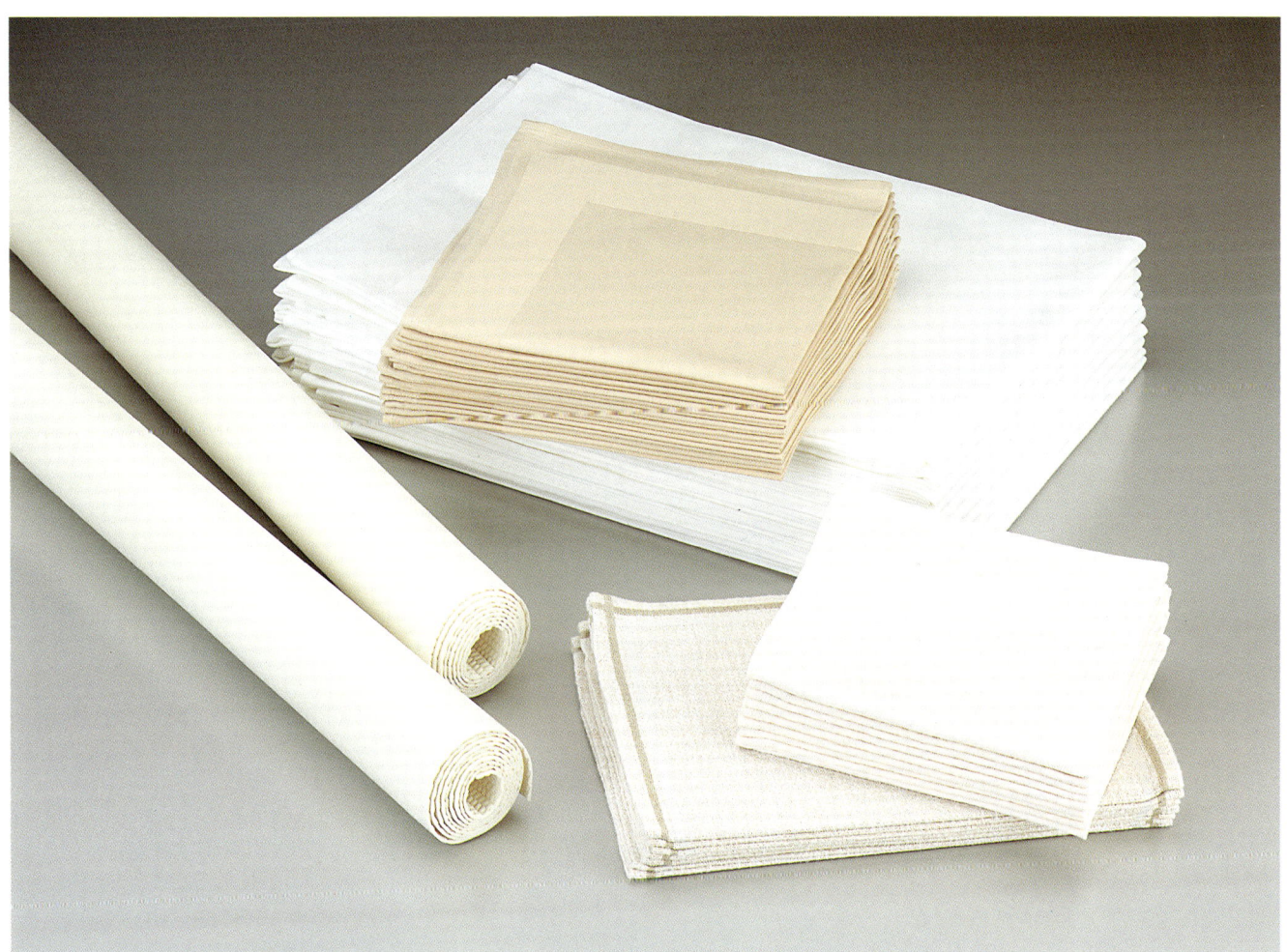

Verschiedene Tischwäschegegenstände im Überblick: Tischunterlagen, Tischdecken, Platzdeckchen und Mundservietten.

Tafeltücher

Tafeltücher sind Tischdecken mit Überlänge und damit normalerweise Sonderanfertigungen in besonderen Größen. Überlängen von 4 bis 6 Metern sind keine Seltenheit. Man verwendet Tafeltücher hauptsächlich, um der langen Tafel ein glatteres und damit eleganteres Aussehen der Oberfläche zu verleihen. Beim Aufdecken des Bankettraums sollten Tafeltücher unbedingt zu zweit aufgelegt werden. Damit verhindert man ein mögliches Zerknittern des Tafeltuchs.

Tischtücher und Tischdecken

Die mit dem französischen Fachausdruck Nappe bezeichneten Tischtücher müssen nach dem Waschen erst zweimal der Länge nach und anschließend zweimal der Breite nach zusammengefaltet und jeweils entsprechend gemangelt werden.

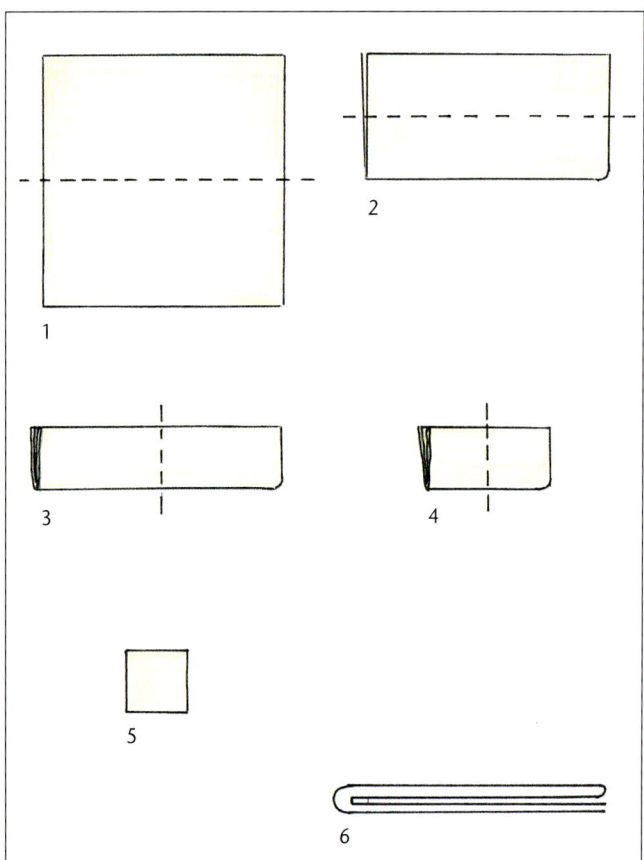

Das Falten der Tischwäsche beim Mangeln: zweimal Längsbruch, dann zweimal Querbruch.

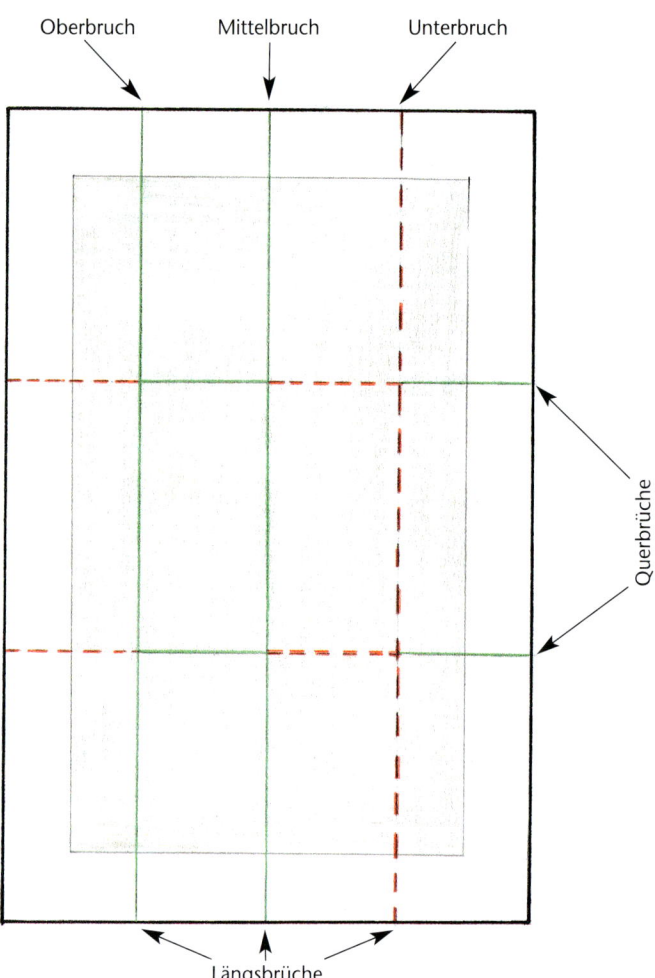

Beispiel für die Bezeichnung und Platzierung der Brüche bei einer aufgelegten Tischdecke.

Nur wenn die Tischdecke wie erwähnt zusammengelegt ist, ist es auch möglich, sie fachgerecht aufzulegen. Die Bügelfalten einer Tischdecke werden in der Fachsprache als Brüche bezeichnet, da die glatte Gewebeoberfläche durch das Falten sozusagen gebrochen wird. Man unterscheidet Längsbrüche, wie den Ober-, Mittel- und Unterbruch, und Querbrüche. Sie sind ein guter Anhaltspunkt, ob die Tischdecke auch genau in der Mitte des Tischs aufgelegt wurde. Dies ist der Fall, wenn sich bei den Brüchen ein gleichmäßiger Abstand zur Tischkante ergibt.
Eine wesentliche Rolle spielt auch die richtige Größe der verwendeten Tischdecke. Das aufgelegte Tischtuch sollte so groß sein, dass der Rand 2 bis 5 cm über der Sitzfläche des Stuhls endet. Umgekehrt betrachtet bedeutet dies, dass der so genannte Überhang (= Tuchfläche zwischen Tischkante und Rand) 20 bis 25 cm beträgt.

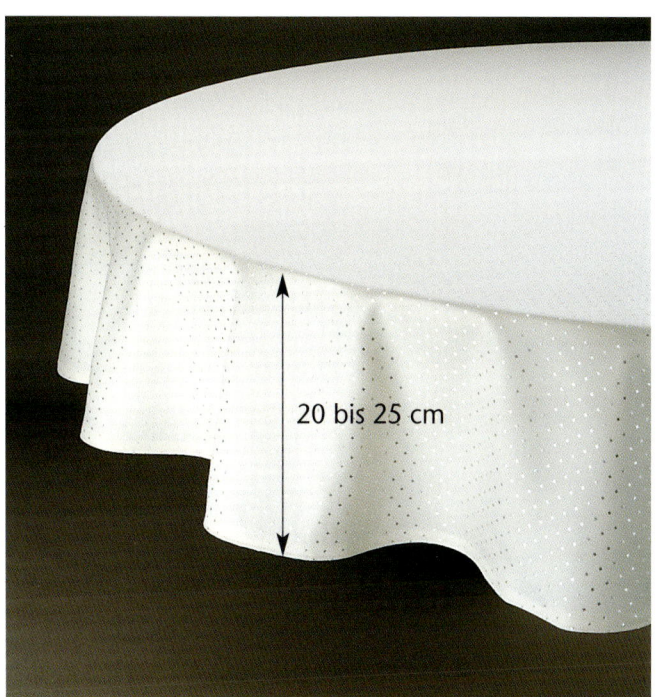

Der Überhang einer Tischdecke sollte 20 bis 25 cm betragen.

> Bei bekannter Tischgröße lässt sich an Hand der folgenden Formel nun die richtige Tischdeckengröße leicht berechnen:
>
> Tischgröße + 2 x Überhang = Tischdeckengröße
>
> Beispiel:
> 160 cm x 80 cm + 2 x 25 cm = 2,10 m x 1,30 m

Die Tischtücher sollten außer der richtigen Größe auch das richtige Format haben. Auf einen runden Tisch gehört normalerweise auch eine runde Tischdecke! Werden dennoch eckige Tischdecken für runde Tische verwendet, so sollte darauf geachtet werden, dass die 4 herunterhängenden Ecken die Tischbeine möglichst verdecken.

Beim Herrichten von Räumlichkeiten mit schmalen Parlamenttischen mit einer Breite von nur 40 cm verwendet man trotzdem 1,30 m breite Tischdecken und lässt sie dann aber auf der den Stühlen gegenüberliegenden Seite um 40 cm länger überhängen. So ist diese nicht besetzte Tischseite zusätzlich kaschiert.

Platzdeckchen

Diese auch „Sets" genannten kleinen Deckchen haben meistens ein rechteckiges Format und eine durchschnittliche Größe von 30 bis 35 cm x 40 bis 45 cm. Im gastronomischen Betrieb werden sie hauptsächlich als Gedeckunterlage verwendet. Wenn es darum geht, edle Tischoberflächen vor dem Zerkratzen durch Teller zu schützen, oder wenn der Einsatz von Moltons und Tischdecken nicht möglich ist – z. B. an der Bar –, sind Sets die richtige Lösung.

Im Seminarbereich können diese Deckchen darüber hinaus sehr gut als Unterlage für die Tagungsgetränkegruppen auf den Tischen verwendet werden.

Deckservietten

Diese werden in der Fachsprache auch als „Napperons"
(von dem französischen Wort „napper" = überdecken)
bezeichnet. Deckservietten haben meist ein quadrati-
sches Format und eine Größe von 80 x 80 cm.
Die Napperons werden immer diagonal auf dem Tisch
aufgelegt und dienen hauptsächlich dazu, kleinere
Flecken, die auf dem Tischtuch entstanden sind, zu verdecken. Zusätzlich sind bei der Verwendung von farbigen Deckservietten dekorative optische Effekte zu erzielen. So ist es z. B. möglich, bei einer Veranstaltung mit
italienischem Flair im Tischwäschebereich grüne Tischdecken, weiße Deckservietten und rote Mundservietten
zu verwenden.
Beim Aufdecken von Festtafeln mit einfarbiger Tischwäsche sollte man auf den Einsatz von Deckservietten verzichten, da sonst zu viele weitere Kanten und Brüche auf
der Tafeloberfläche entstehen würden.

Tischvorhänge

Diese mit dem aus dem Englischen kommenden Wort
Skirtings (skirt = Saum, Rand, Einfassung) bezeichneten
Tischverkleidungen sind meistens aus einer Synthetik-
faser hergestellt und für Tischhöhen von 50 bis 130 cm
erhältlich. Sie werden in verschiedenen dekorativen
Ausführungen, wie z. B. mit Kräusel- oder Kellerfalte,
angeboten. Die Befestigung erfolgt meistens durch Clips
mit einer Druckknopfmechanik oder mit Klettband. Die
Vorteile der Verwendung von Skirtings zeigen sich im
Bankettbereich hauptsächlich beim Verkleiden von
Büfetttischen, aber auch bei Präsidiumstischen für Vortragsveranstaltungen und Podiumsdiskussionen. Mit der
Verwendung von Skirtings im Bankett wird einerseits
Tischwäsche gespart und andererseits der Zeitaufwand
für das Verkleiden des Büfetts reduziert. Alle Tischvorhänge sollten grundsätzlich für den Zeitraum der Nicht-
benutzung auf speziellen Skirtingbügeln aufgehängt
gelagert werden.

*Büfetttisch mit Skirting. Die Tischvor-
hänge enden wenige Zentimeter über
dem Fußboden, so dass die Vorhänge
gleichmäßig hängen und dem Büfett
eine vornehme Eleganz verleihen.*

Mundservietten

Den im Französischen als „Serviettes" bezeichneten Mundservietten kommen beim Einsatz auf dem gedeckten Tisch besondere Bedeutung zu. In verschiedenen farblichen Gestaltungen, passend zu den Tischtüchern oder in Kontrastfarbe, quadratisch oder rechteckig, bilden sie einen Schwerpunkt beim dekorativen Gesamteindruck des festlich gedeckten Tischs.

Am häufigsten ist die Verwendung von quadratischen Mundservietten der folgenden drei Größen:
40 x 40 cm, 50 x 50 cm und 60 x 60 cm.

Diese größten Servietten werden meistens lediglich zur Gestaltung von Dekorationsformen, wie z. B. der Artischocke oder Seerose, verwendet. Die Mundservietten dienen den Gästen hauptsächlich dazu, sich während des Essens – spätestens vor dem Trinken – die Lippen zu säubern und die Kleidung zu schützen. Hierzu sollten sie

einmal gefaltet und mit der Öffnung zum Körper hin auf dem Schoß des jeweiligen Gastes liegen. Im Rahmen eines festlich gedeckten Tischs fällt der Mundserviette, die in eine ansprechende Form gebracht wurde, auch die Aufgabe zu, den dekorativen Gesamteindruck der Tafel wesentlich zu ergänzen. Es ist noch zu erwähnen, dass bei der Überlegung, welche Serviettenform realisiert werden soll, auch hygienische Gesichtspunkte eine Rolle spielen. Dem Kompromiss zwischen besonders dekorativer Form und Berücksichtigung der Hygiene kann z. B. durch das Brechen der Servietten mit behandschuhten Händen Rechnung getragen werden. In Anlehnung an den Begriff der Brüche bei den Bügelfalten einer Tischdecke spricht man fachlich vom Serviettenbrechen und nicht vom Serviettenfalten.

Da die verschiedenen Serviettenformen bei der Dekoration von Festtafeln besonders wichtig sind, werden die gebräuchlichsten Formen im Folgenden erläutert.

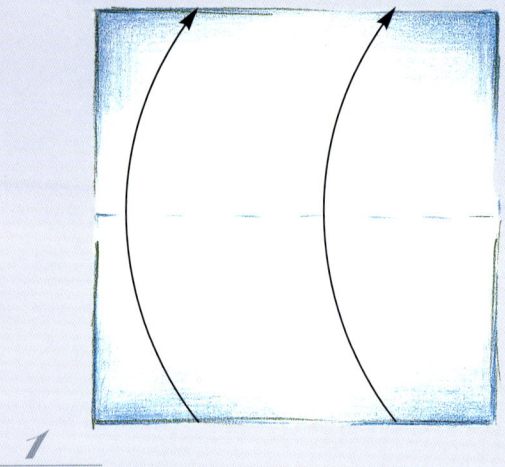

1

Serviette in der Mitte
brechen.

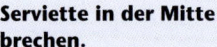

2

3

Eine Seite etwa bis zur
Mitte einrollen.

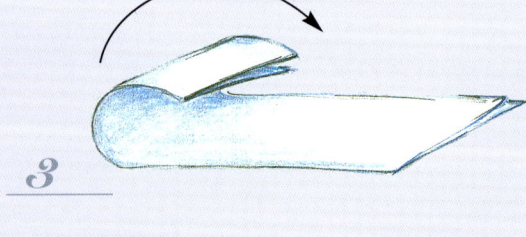

4

Fertige Form.

Einfache Welle

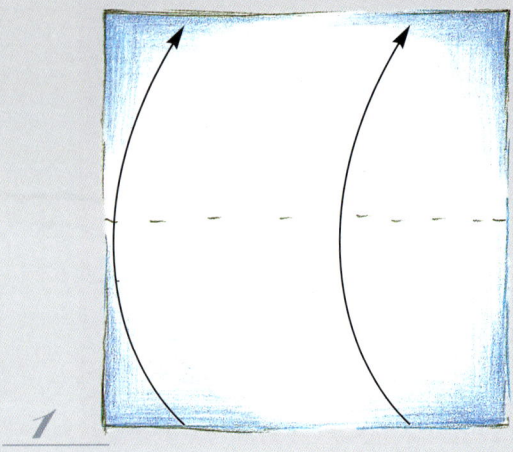

1

Serviette in der Mitte brechen.

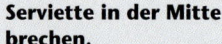

2

3

Eine Seite nach oben und die andere Seite jeweils bis zur Mitte nach unten einrollen.

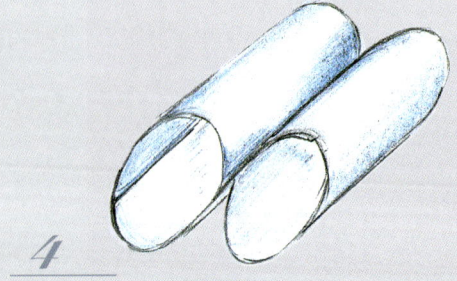

4

Fertige Form.

Doppelte Welle

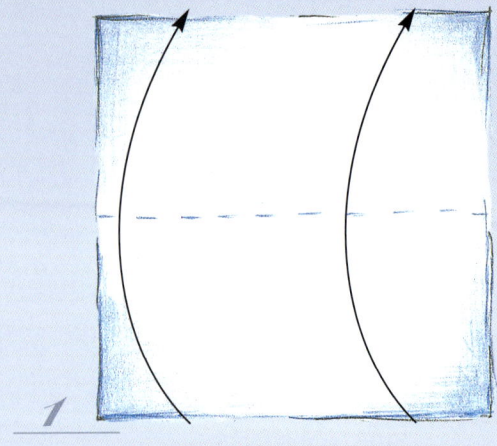

1

Serviette in der Mitte brechen.

2

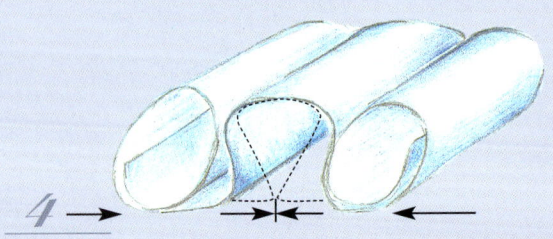

3

Linkes und rechtes Ende nach innen eng einrollen.

4

In der Mitte die Serviette etwas anheben und ausrunden. Die beiden äußeren Rollen zur Mitte zusammenschieben.

Dreifache Welle oder Treppe

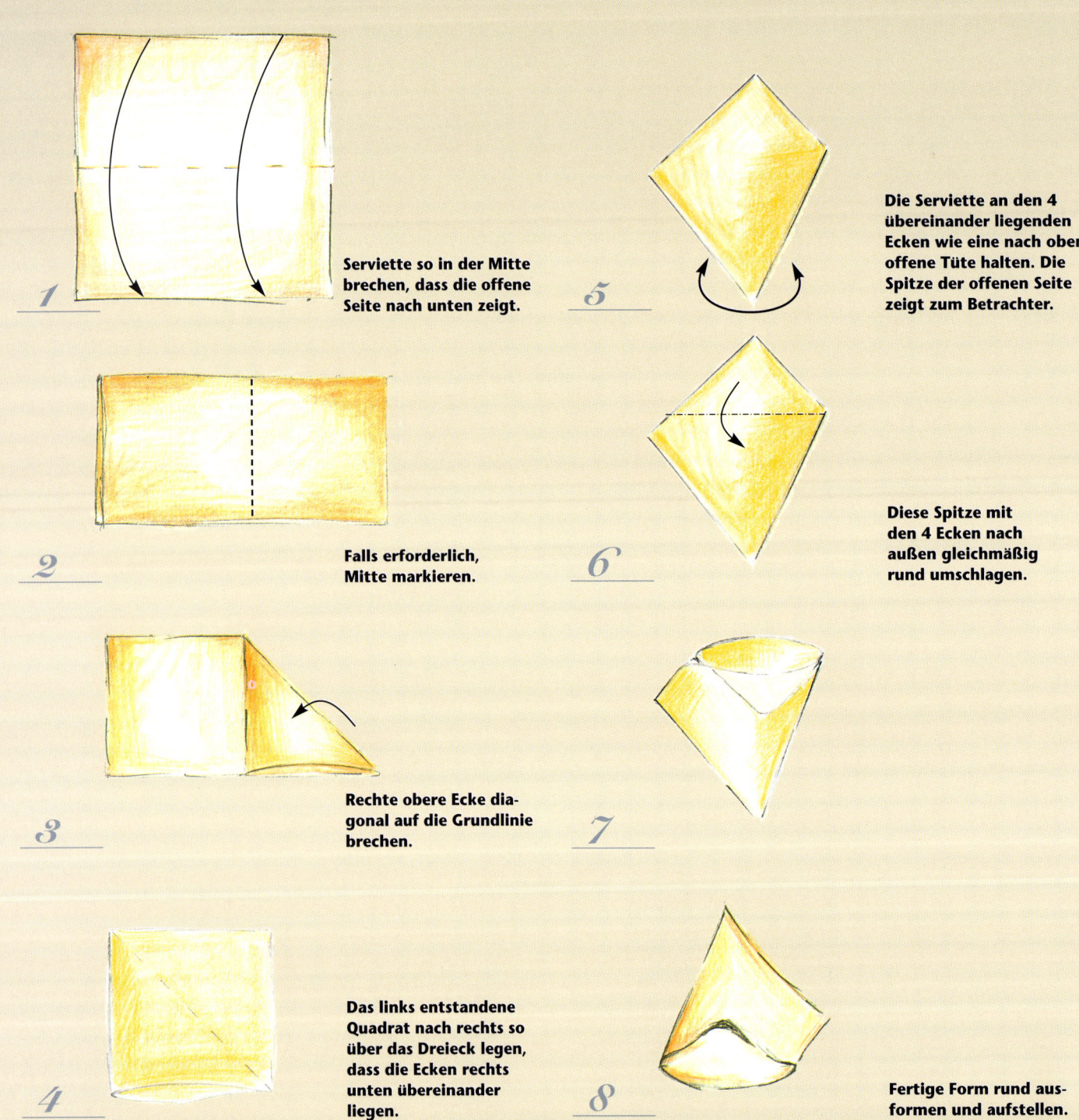

1 Serviette so in der Mitte brechen, dass die offene Seite nach unten zeigt.

2 Falls erforderlich, Mitte markieren.

3 Rechte obere Ecke diagonal auf die Grundlinie brechen.

4 Das links entstandene Quadrat nach rechts so über das Dreieck legen, dass die Ecken rechts unten übereinander liegen.

5 Die Serviette an den 4 übereinander liegenden Ecken wie eine nach oben offene Tüte halten. Die Spitze der offenen Seite zeigt zum Betrachter.

6 Diese Spitze mit den 4 Ecken nach außen gleichmäßig rund umschlagen.

7

8 Fertige Form rund ausformen und aufstellen.

Zelt oder Hut

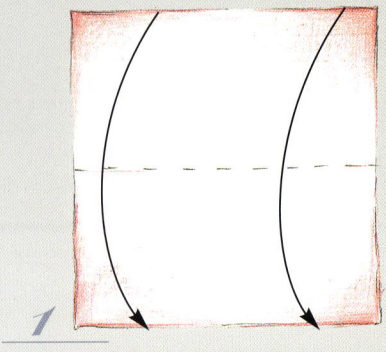

1

Serviette so in der Mitte brechen, dass die offene Seite nach unten zeigt.

2

Falls erforderlich, Mitte markieren.

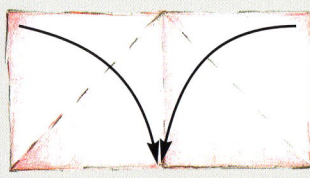

3

Linke und rechte obere Ecke jeweils diagonal auf die Grundlinie brechen.

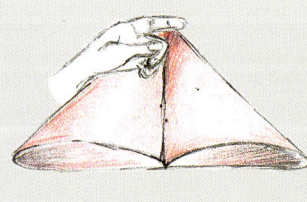

4

Die Serviette nur an der Spitze andrücken. Das entstandene Dreieck in der Mitte nach innen brechen. Serviette aufstellen.

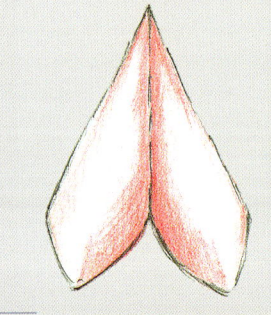

5

Fertige Form.

Einfacher Tafelspitz

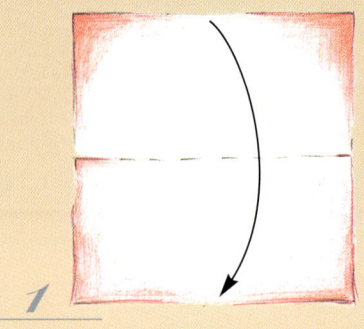

1

Serviette so in der Mitte brechen, dass die offene Seite nach unten zeigt.

2

3

Mit einer Hand die Serviette oben genau in der Mitte festhalten. Jetzt mit der anderen Hand nur die rechts obenauf liegende untere Ecke parallel zur Grundlinie auf die linke untere Ecke legen.

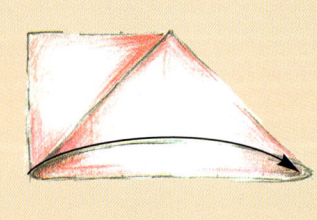

4

Die linke Seite des so entstandenen Dreiecks auf die rechte Seite legen.

5

6

Die Serviette wieder oben in der Mitte festhalten. Nun die links obenauf liegende untere Ecke parallel zur Grundlinie auf die rechts bereits entstandenen Dreiecke legen.

7

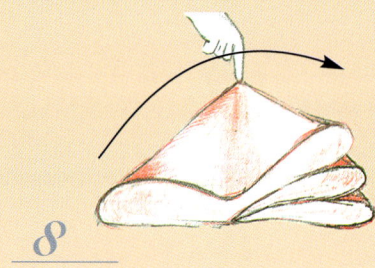

8

Das linke Dreieck nach rechts auf die anderen 3 Falten legen.

9

Die 4 Falten dürfen auf keinen Fall der Länge nach angedrückt werden, sondern müssen gleichmäßig und rund ausgeformt sein.

10

Fertige Form.

Doppelter Tafelspitz

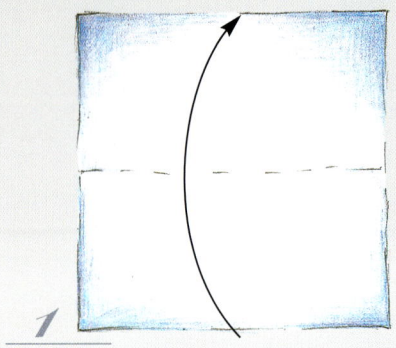

1   Serviette in der Mitte brechen.

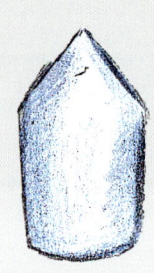

6   Fertige Form.

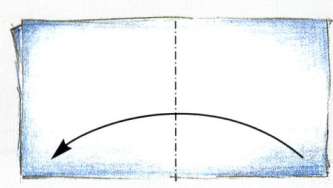

2   Vorgang wiederholen.

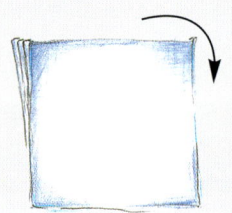

3   Serviette drehen.

4   Die geschlossene Seite diagonal auf die offene Seite nach oben zu einem Dreieck brechen.

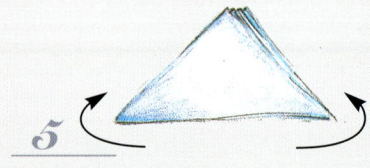

5   Die beiden Ecken nach hinten ineinander stecken.

Mütze

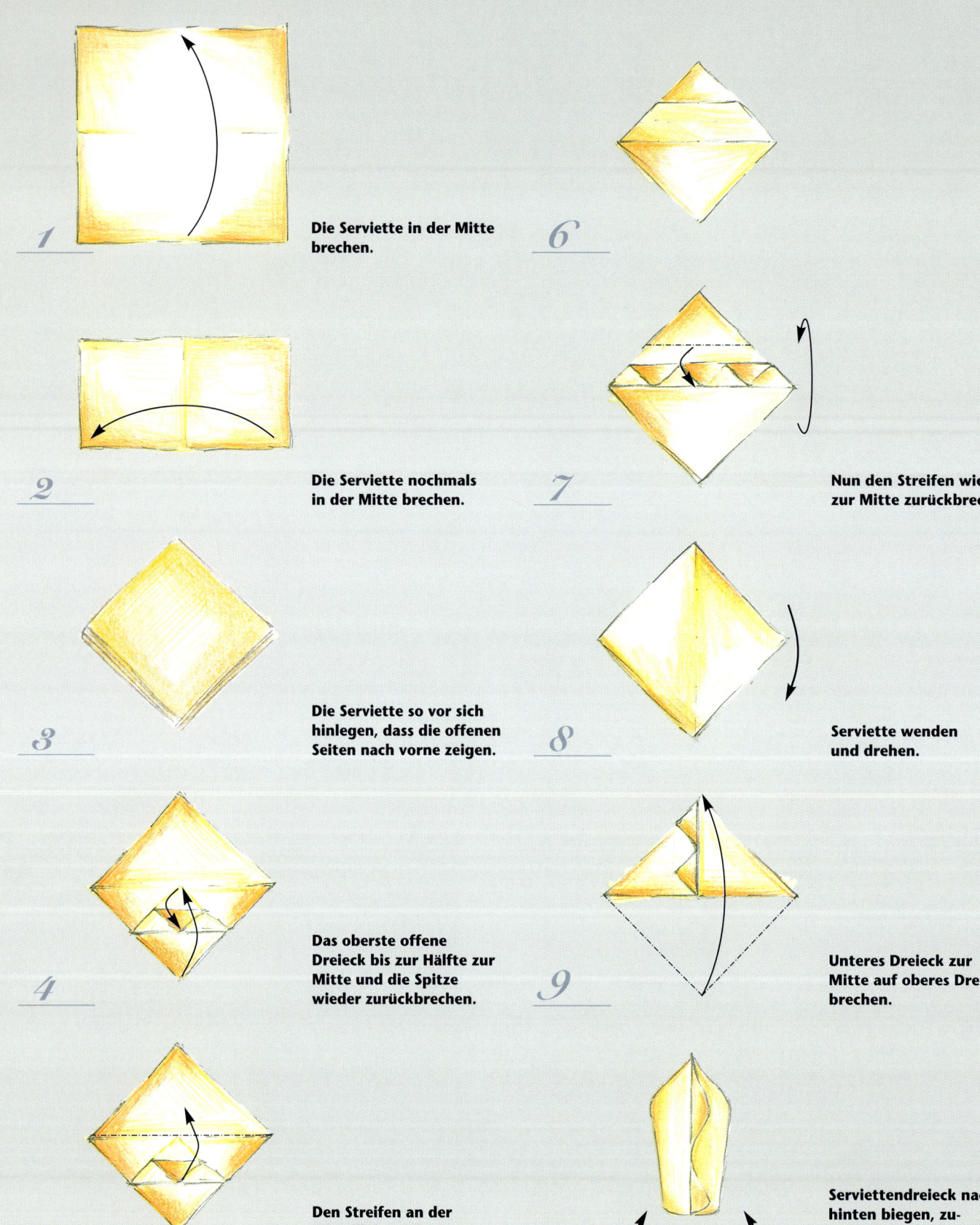

1 Die Serviette in der Mitte brechen.

2 Die Serviette nochmals in der Mitte brechen.

3 Die Serviette so vor sich hinlegen, dass die offenen Seiten nach vorne zeigen.

4 Das oberste offene Dreieck bis zur Hälfte zur Mitte und die Spitze wieder zurückbrechen.

5 Den Streifen an der Mittellinie nach oben brechen.

6

7 Nun den Streifen wieder zur Mitte zurückbrechen.

8 Serviette wenden und drehen.

9 Unteres Dreieck zur Mitte auf oberes Dreieck brechen.

10 Serviettendreieck nach hinten biegen, zusammenstecken und rund ausformen.

Mütze mit Fächer

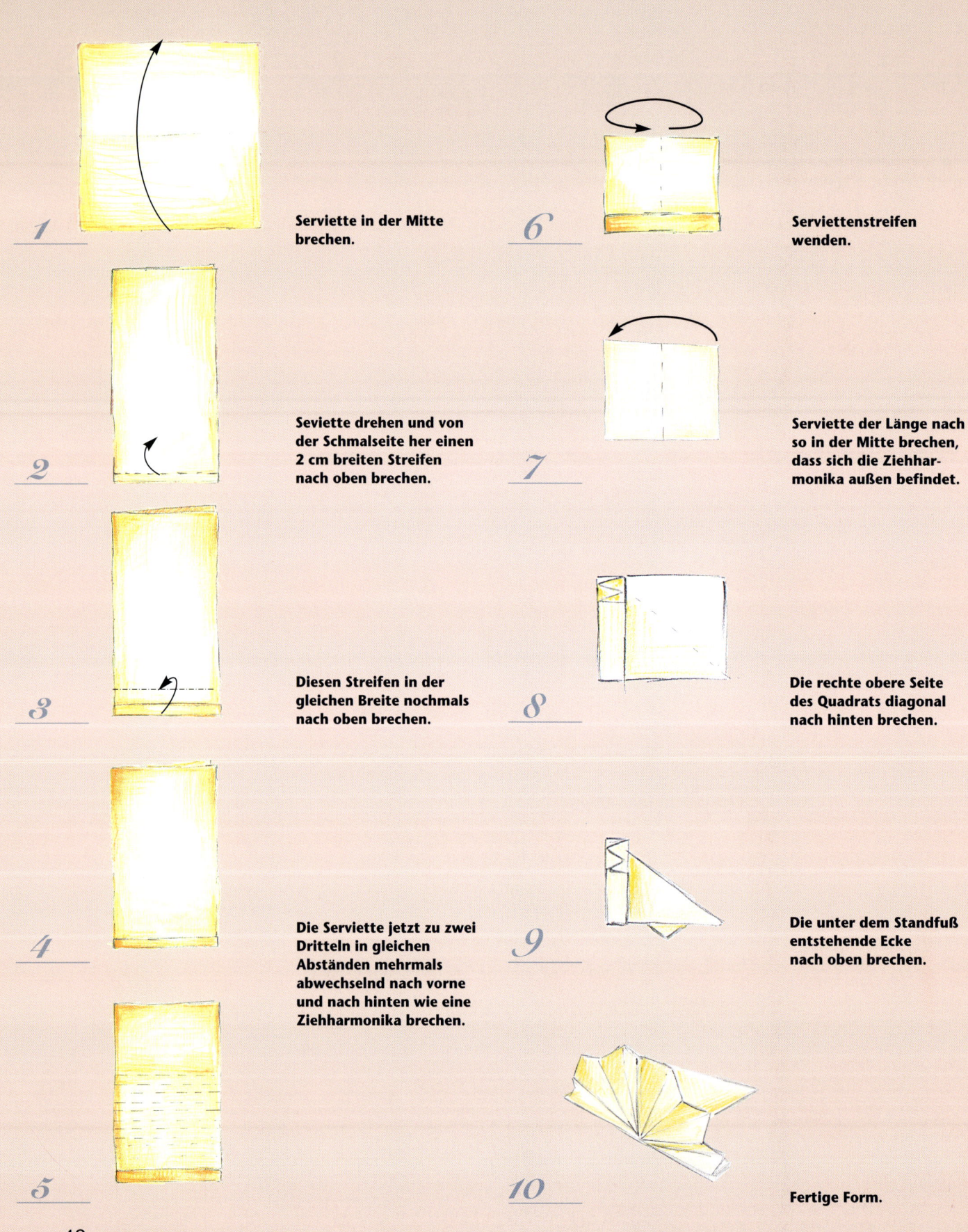

1   Serviette in der Mitte brechen.

2   Seviette drehen und von der Schmalseite her einen 2 cm breiten Streifen nach oben brechen.

3   Diesen Streifen in der gleichen Breite nochmals nach oben brechen.

4   Die Serviette jetzt zu zwei Dritteln in gleichen Abständen mehrmals abwechselnd nach vorne und nach hinten wie eine Ziehharmonika brechen.

5

6   Serviettenstreifen wenden.

7   Serviette der Länge nach so in der Mitte brechen, dass sich die Ziehharmonika außen befindet.

8   Die rechte obere Seite des Quadrats diagonal nach hinten brechen.

9   Die unter dem Standfuß entstehende Ecke nach oben brechen.

10   Fertige Form.

Einfacher Fächer

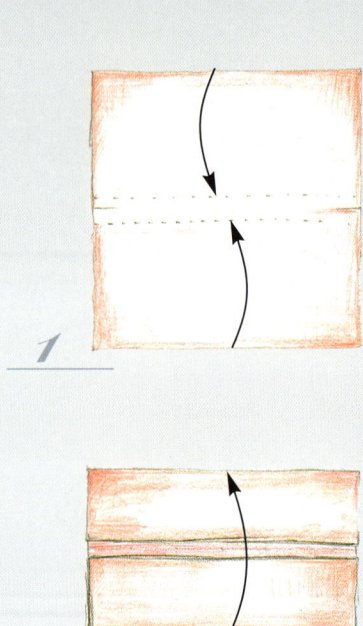

1

Serviette nach oben und unten zu jeweils drei Vierteln der Hälfte zur Mitte brechen.

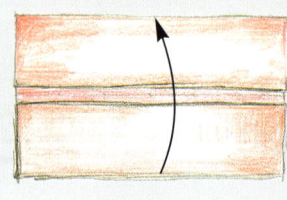

2

Untere Hälfte nach oben brechen.

3

Die Serviette der Länge nach vor sich hinlegen; die 2 Kanten müssen genau übereinander liegen.

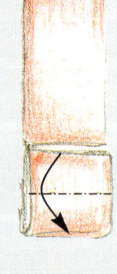

4

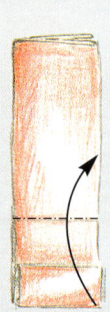

5

Den gesamten Serviettenstreifen in gleichmäßigen Abständen abwechselnd nach vorne und nach hinten wie eine Ziehharmonika brechen.

6

Serviettenstreifen fest andrücken.

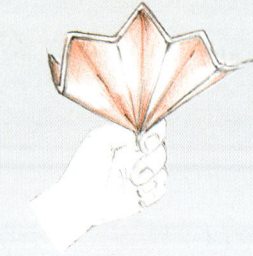

7

Die Serviette an der geschlossenen Seite mit einer Hand festhalten.

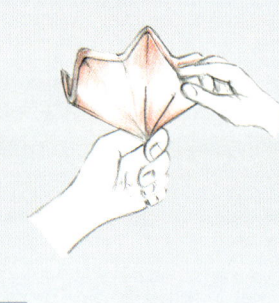

8

Mit der anderen Hand die inneren Spitzen nach unten ziehen und andrücken.
Serviette drehen und den Vorgang mit den inneren Spitzen wiederholen.

Sternfächer

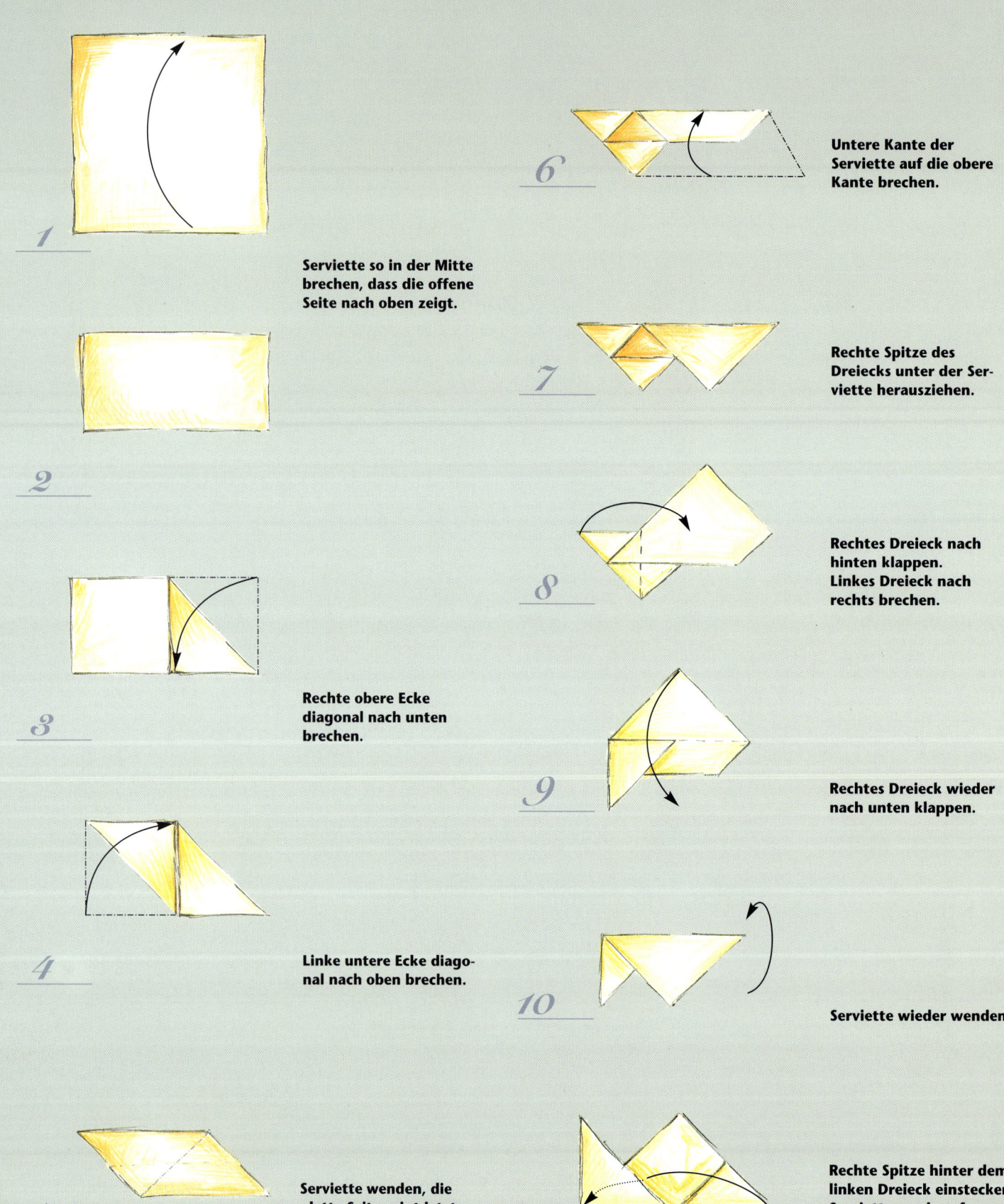

1 Serviette so in der Mitte brechen, dass die offene Seite nach oben zeigt.

2

3 Rechte obere Ecke diagonal nach unten brechen.

4 Linke untere Ecke diagonal nach oben brechen.

5 Serviette wenden, die glatte Seite zeigt jetzt nach oben.

6 Untere Kante der Serviette auf die obere Kante brechen.

7 Rechte Spitze des Dreiecks unter der Serviette herausziehen.

8 Rechtes Dreieck nach hinten klappen. Linkes Dreieck nach rechts brechen.

9 Rechtes Dreieck wieder nach unten klappen.

10 Serviette wieder wenden.

11 Rechte Spitze hinter dem linken Dreieck einstecken. Serviette rund ausformen und aufstellen.

Bischofsmütze

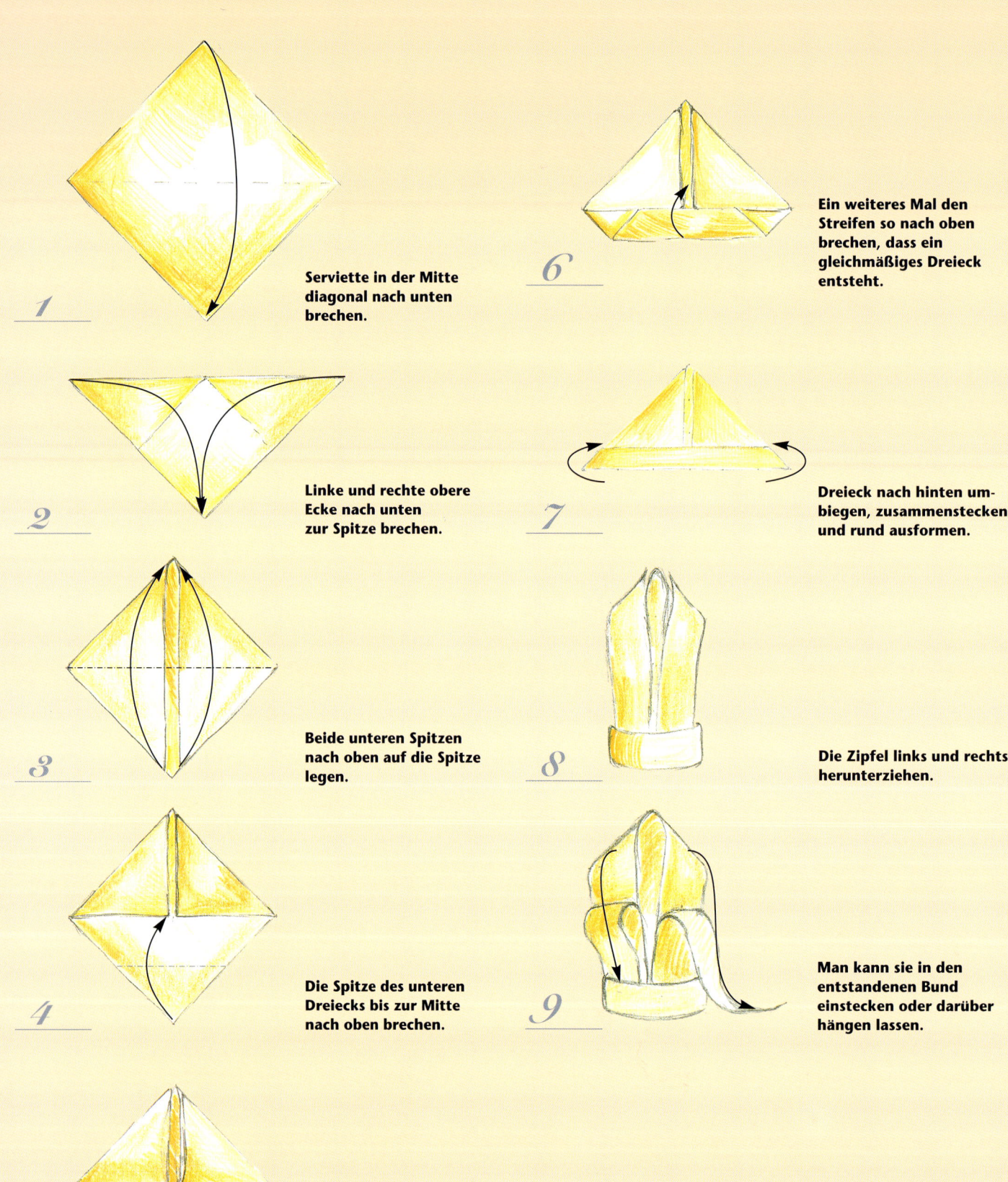

1   Serviette in der Mitte diagonal nach unten brechen.

2   Linke und rechte obere Ecke nach unten zur Spitze brechen.

3   Beide unteren Spitzen nach oben auf die Spitze legen.

4   Die Spitze des unteren Dreiecks bis zur Mitte nach oben brechen.

5   Den Streifen nochmals nach oben bis zur Mitte brechen.

6   Ein weiteres Mal den Streifen so nach oben brechen, dass ein gleichmäßiges Dreieck entsteht.

7   Dreieck nach hinten umbiegen, zusammenstecken und rund ausformen.

8   Die Zipfel links und rechts herunterziehen.

9   Man kann sie in den entstandenen Bund einstecken oder darüber hängen lassen.

Lilie

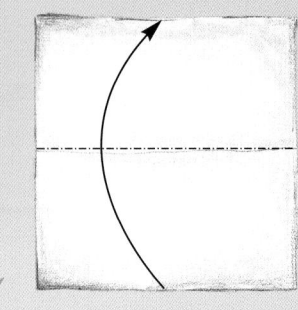

1 Die Serviette in der Mitte brechen.

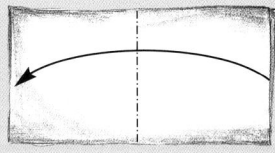

2 Die Serviette nochmals in der Mitte brechen.

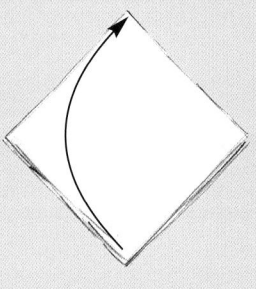

3

4 Die Serviette so vor sich hinlegen, dass die offenen Seiten nach vorne zeigen, und dann das untere Dreieck nach oben brechen.

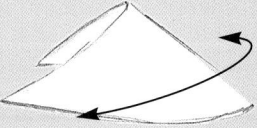

5 Das Dreieck nach hinten zur glatten Seite brechen. Die 4 offenen Seiten müssen außen sein.

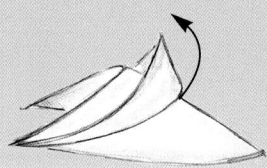

6 Die Serviette mit einer Hand an den beiden übereinander liegenden Spitzen festhalten. Mit der anderen Hand die offenen Spitzen nacheinander nach oben ziehen.

7

Sydney Opera oder Segel

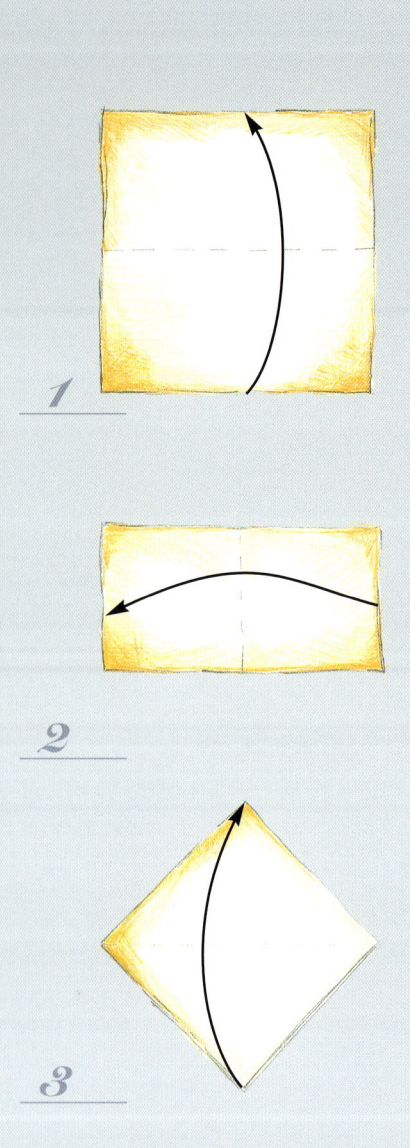

1   Die Serviette in der Mitte brechen.

2   Die Serviette nochmals in der Mitte brechen.

3   Die Serviette so vor sich hinlegen, dass die offenen Seiten nach vorne zeigen, und dann das untere Dreieck nach oben brechen.

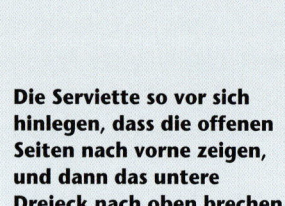

4   Die offenen Seiten müssen oben liegen.

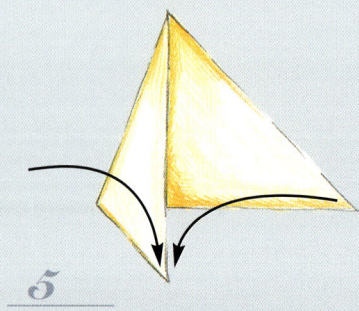

5   Linke und rechte Hälfte des Dreiecks so nach innen und nach unten brechen, dass eine Drachenform entsteht.

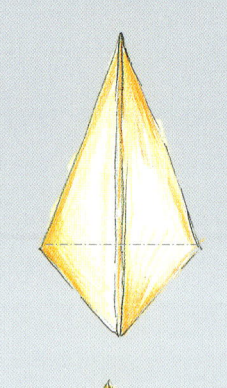

6   Die beiden unteren Zipfel nach hinten umschlagen.

7

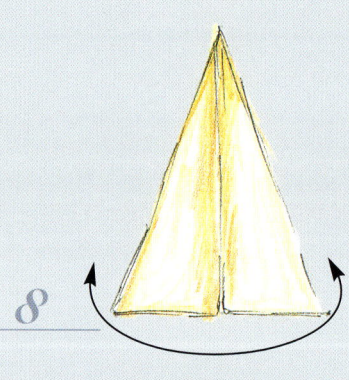

8   Serviettendreieck nach hinten zur Mitte brechen.

9   Serviette mit einer Hand am Ende festhalten und aus dem „Rumpf" die 4 Zipfel, die „Segel", nacheinander gerade nach oben ziehen.

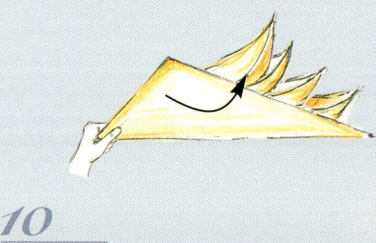

10

Dschunke oder Schiffchen

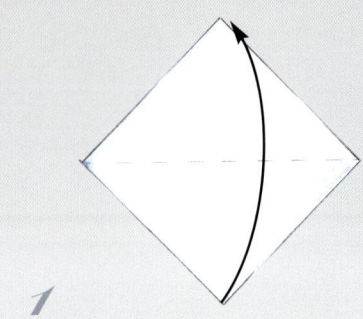

Die Serviette in der Mitte nach oben zum Dreieck brechen.

1

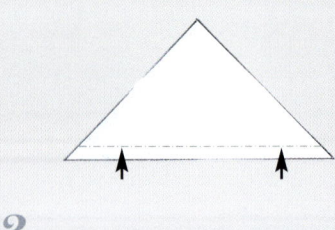

Die lange Seite in einem 1 bis 2 cm breiten Streifen nach oben brechen.

2

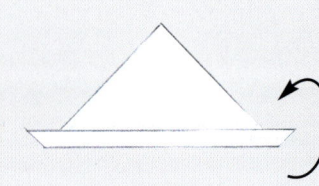

3

Die Serviette wenden.

4

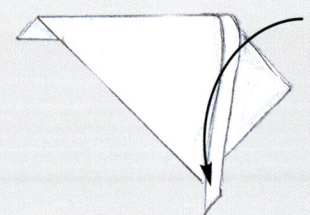

Die oberen Ecken gleichmäßig nach unten und zur Mitte brechen.

5

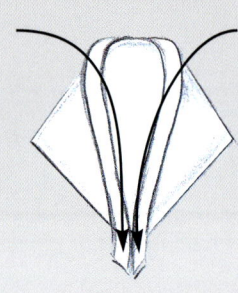

6

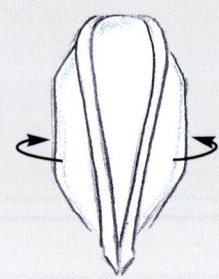

Die entstandenen Dreiecke links und rechts etwa bis zur Hälfte jeweils nach hinten brechen.

7

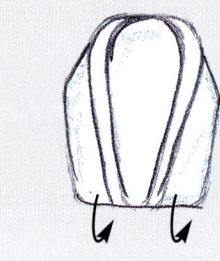

Das untere Dreieck auch nach hinten brechen.

8

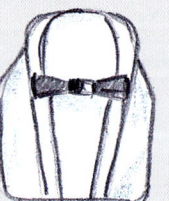

Mit Fliege (Schleife o. Ä.) dekorieren.

9

Dinnerjackett

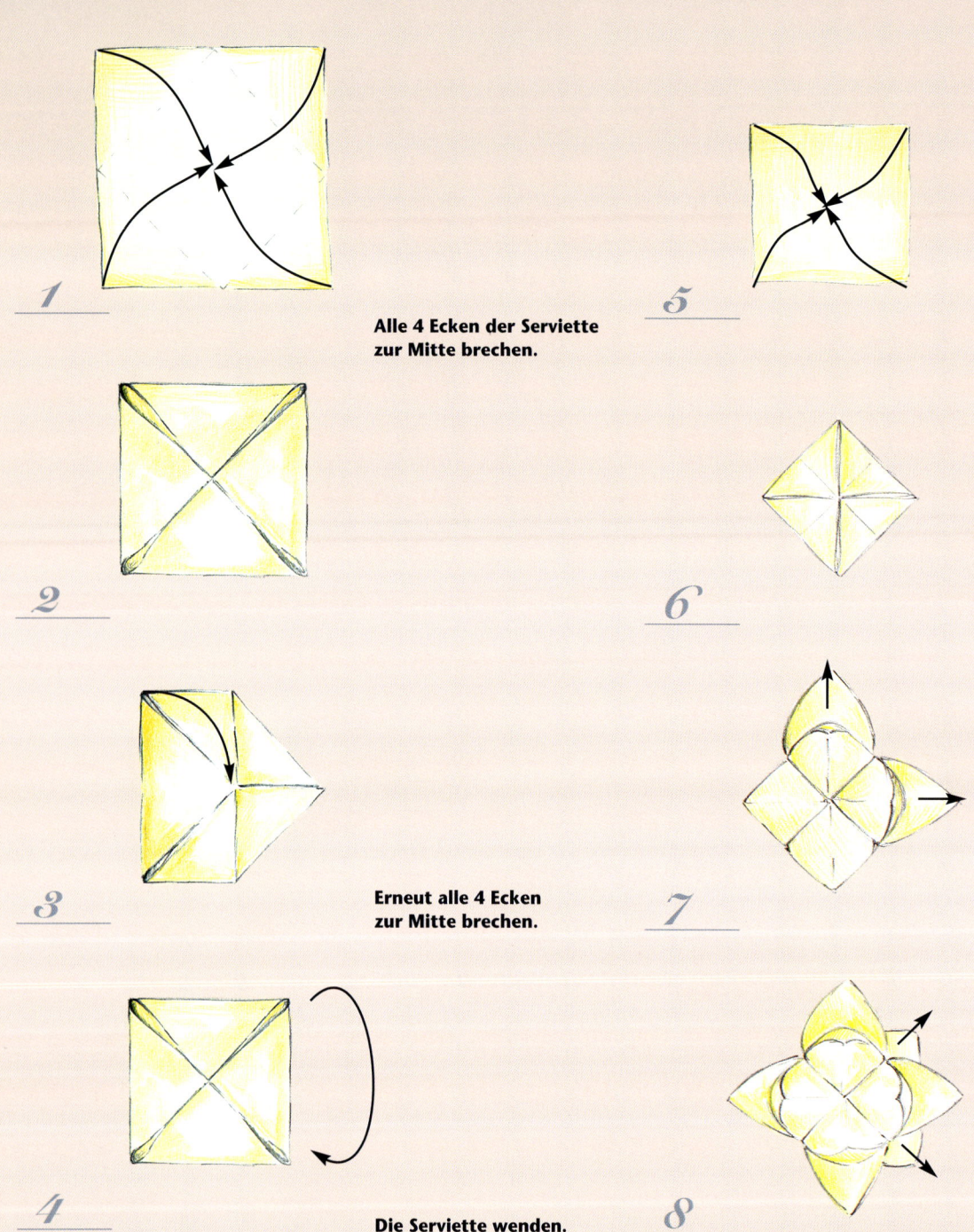

1 Alle 4 Ecken der Serviette zur Mitte brechen.

2

3 Erneut alle 4 Ecken zur Mitte brechen.

4 Die Serviette wenden.

5 Ein drittes Mal alle Ecken zur Mitte brechen.

In dieser Form können mehrere Artischocken platzsparend aufeinander gestapelt, beispielsweise am Küchenpass bereitgehalten und bei Bedarf aufgebrochen werden. Damit die Ecken nicht aufgehen, wird eine Untertasse auf die oberste Serviette zum Beschweren gelegt.

6

7 Zum Aufbrechen zieht man erst die Zipfel an allen 4 Ecken von der Unterseite der Serviette und anschließend alle Zipfel an allen 4 Seiten von unten gerade nach oben. Dabei wird die Serviette innen mit der Faust festgehalten und jeweils gedreht.

8

Artischocke

Bestecke und Spezialbestecke

Die einzelnen Besteckteile, die sich geschichtlich betrachtet in der Reihenfolge Messer, Löffel, Gabel ent-
wickelten, wurden erst gegen Ende des 16. Jahrhunderts
an italienischen Fürstenhöfen zum Verzehr der Mahlzeit
verwendet. Bis dahin war es bei Tisch üblich, mit der
Hand zu essen. Erst zu Beginn des 20. Jahrhunderts
setzten sich Besteckgarnituren in der Gesamtbevölke-
rung durch. Sowohl die Gastronomie wie auch die Ver-
zehrgewohnheiten und die gestiegenen Ansprüche
der Bevölkerung haben dazu beigetragen, im Besteck-
bereich immer hochwertigere und edlere Materialien
sowie neue Formen und moderne Designs entstehen zu
lassen. So erhält die Entscheidung über die Besteckausstattung im Bankettbereich vor allem hinsichtlich der
verschiedenen Qualitäten und Ausführungen und somit
der damit verbundenen Kosten besondere Bedeutung.

Geschichtliche Entwicklung der Bestecke

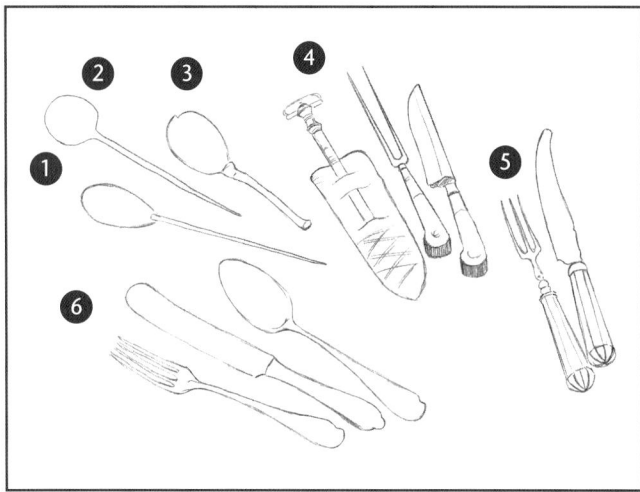

1 Löffel, 500 n. Chr., byzantinisch

2 Löffel, 500 n. Chr., gotisch

3 Löffel, zirka 1530

4 Reisebesteck mit Futteral, 17. Jahrhundert

5 Besteck, 2-teilig, 18. Jahrhundert

6 Besteck Jugendstil, 1903

Materialien

Das zur Besteckherstellung am häufigsten verwendete Grundmaterial ist Stahl, der mit anderen Metallen, wie Chrom (Schutz gegen Rosteinwirkung) und Nickel (schützt gegen Säuren und ergibt einen silbrigen Glanz), veredelt wird. Chromstahlbesteck als einfachste Qualität ist an der Kennzeichnung mit den Begriffen „rostfrei", „stainless" oder „inox" erkenntlich. Vor allem Messerklingen werden ausschließlich aus Chromstahl hergestellt. Bestecke aus Chrom-Nickel-Stahl – besser bekannt durch die WMF-Bezeichnung „Cromargan®" – sind auch durch die Kennzeichnungen 18/8 und 18/10 zu identifizieren. Die erste Zahl steht für den Chromanteil von 18 Prozent und die zweite Zahl für den Nickelanteil von 8 Prozent bzw. 10 Prozent der Legierung. Noch hochwertiger sind versilberte Bestecke, bei denen der Kern aus Alpaka, einer Kupfer-Nickel-Zink-Legierung, Chromstahl oder Chrom-Nickel-Stahl besteht. Bei der Silberauflage unterscheidet man dabei die Normalversilberung, bei der alle Besteckteile eine annähernd gleich dicke Silberschicht haben, und die Patent- oder Hartversilberung. Bei diesem Verfahren berücksichtigt man den hohen Verschleiß der Besteckteile an bestimmten Stellen, wie z.B. der Aufliegefläche, der Laffe und des Stiels, und trägt hier eine doppelt starke Silberschicht auf. Die verarbeitete Menge Feinsilber wird in Gramm angegeben, z.B. 60, 90, 100, 120 oder 150, und bezieht sich dabei auf eine Fläche von 24 dm². Dies entspricht in etwa der Oberfläche von 24 Tafellöffeln.

Bei der Patentversilberung wird auf die besonders beanspruchten Stellen des Besteckteils eine doppelt starke Silberschicht aufgetragen.

Bestecke aus Feinsilber werden in der Gastronomie eher selten verwendet, da die Anschaffungskosten zu hoch sind. Man unterscheidet 800er-Silber, hergestellt aus 800 Teilen Feinsilber und 200 Teilen Kupfer, und das so genannte 925er-Sterlingsilber, das 925 Anteile aus Reinsilber enthält. Mit Gold werden lediglich bestimmte Dekorelemente teilvergoldet, um einen Farbkontrast zu erreichen. Messer werden nach der Herstellungsart als Monoblockmesser oder Hohlheftmesser unterschieden. Die einfacheren Monoblockmesser werden aus einem Stück gefertigt und haben ein massives Heft. Messer mit hohlen Heften bestehen aus einer geschmiedeten Messerklinge und einem aus zwei Halbschalen durch Schweißen und Löten zusammengefügten Heft. Die Hefte aus Alpaka oder Chrom-Nickel-Stahl werden mit einem Spezialzement gefüllt und mit den Klingen aus Chromstahl zusammengefügt.

Besteckgruppen

Alle Bestecke, die heutzutage erhältlich sind – 50 bis 60 verschiedene –, kann man je nach der speisenspezifischen Verwendung in 3 Gruppen einteilen:
1. herkömmliche Grundbestecke
2. Spezial- und Hilfsbestecke
3. Vorlegebestecke
Der Umfang der Besteckausstattung im Bankett wird vor allem durch die Vielfalt der angebotenen Gerichte bestimmt sein. Man sollte sich möglichst für eine Serie entscheiden, bei der viele verschiedene Teile, also auch Spezialbestecke, verfügbar sind und das Design zum Ambiente des Hauses passt.

Grundbestecke

Die wichtigsten in dieser Gruppe sind Gabel, Messer und Löffel als großes, mittleres und kleines Besteck sowie Kaffeelöffel und Fischbesteck. Auch der Gourmetlöffel, der heute noch meistens zur Gruppe der Spezialbestecke gerechnet wird, ist aus der Standardausstattung des modernen Veranstaltungsbereichs nicht mehr wegzudenken.
Aus der folgenden Übersicht sind die häufigsten Verwendungsmöglichkeiten der Grundbestecke ersichtlich.
.

Die verschiedenen Bestecke und ihre Verwendung im Service

Besteckteile	Großes Besteck (Tafelbesteck)	Mittelbesteck	Kleines Besteck
Messer Gabel	Alle Hauptgerichte, hauptsächlich Fleischgerichte, die geschnitten werden. Feste Fische, wie z. B. Matjeshering.	Alle Vor- und Zwischengerichte, die geschnitten werden (Räucherlachs, Melone mit Schinken), Käsegang, erweitertes Frühstück und für das Frühstücksbüfett.	Kleine Vorspeisen und Amuse-Gueule, die noch geschnitten werden müssen, frisches Obst, kleines Käsedessert.
Löffel Gabel	Vorlegebesteck für die Servicekraft, Hauptgerichte, die nicht geschnitten werden, wie vor allem Teigwaren-gerichte (Spaghetti).	Fachbezeichnung: **Entremets-Besteck** Für gemischte Desserts, auf großen oder tiefen Tellern angerichtet, Vor- und Zwischengerichte, die nicht geschnitten werden.	Vorspeisencocktails aus Fleisch, Geflügel, Gemüse, Zitrusfrüchten (Cocktails aus Krustentieren mit Austern- oder Fischgabel!), gemischte Desserts in kleinen Gefäßen.
Messer Gabel Löffel	Eintöpfe mit größerer Fleischeinlage oder ganzer Wurst.		Kinderbesteck.
Löffel	Suppen, die im tiefen Teller serviert werden, zum Vorlegen von Saucen, Reis, Mais und Erbsen.	Suppen, die in Suppentassen serviert werden, Müsli und Frühstücks-zerealien in Schälchen.	Desserts wie Cremes und Eis, Essen-zen und Spezialsuppen, Sorbets.
Gabel	Spargel (klassische Art), Rühr-eier, Omelette nature, Pastagerichte, wie beispielsweise Spaghetti (klassisch italienische Verzehrweise).	Wird an einen Salat als Beilage angelegt.	Kuchen, kleine Gebäckstücke wie Petits Fours, Amuse-Gueule.
Messer		Kontinentales Frühstück, als Buttermesser in Verbindung mit dem Mittelteller, frisches Obst.	Als Buttermesser in Verbindung mit dem kleinen Teller, frisches Obst.

Spezial- und Hilfsbestecke

Diese Besteckteile sind nur bei bestimmten besonderen Gerichten erforderlich und werden vom Gast dann meist zusätzlich zum Essbesteck verwendet. Die Zuord-nung zu der Gruppe Hilfsbestecke deutet bereits darauf hin, dass diese speziellen Bestecke dem Gast lediglich helfen, das Gericht zu verzehren. Ein Beispiel ist die Hummergabel, die als einziges Besteckteil in der Mitte angefasst und beidseitig lediglich dafür verwendet wird, das Hummerfleisch aus der Kruste zu lösen.

Vorlegebestecke

Im Servicebereich besteht das universelle Vorlegebesteck aus einem großen Löffel und einer großen Gabel.
Sie werden beim Vorlegeservice in der rechten Hand ineinander liegend und beim Service vom Beistelltisch mit beiden Händen – Löffel rechts, Gabel links – zum Vor-legen verwendet.
Weitere spezielle Vorlegebestecke können je nach Art der Speisen für den Service oder für die Selbstbedienung durch die Gäste am Büfett erforderlich sein.

Die Grundbestecke

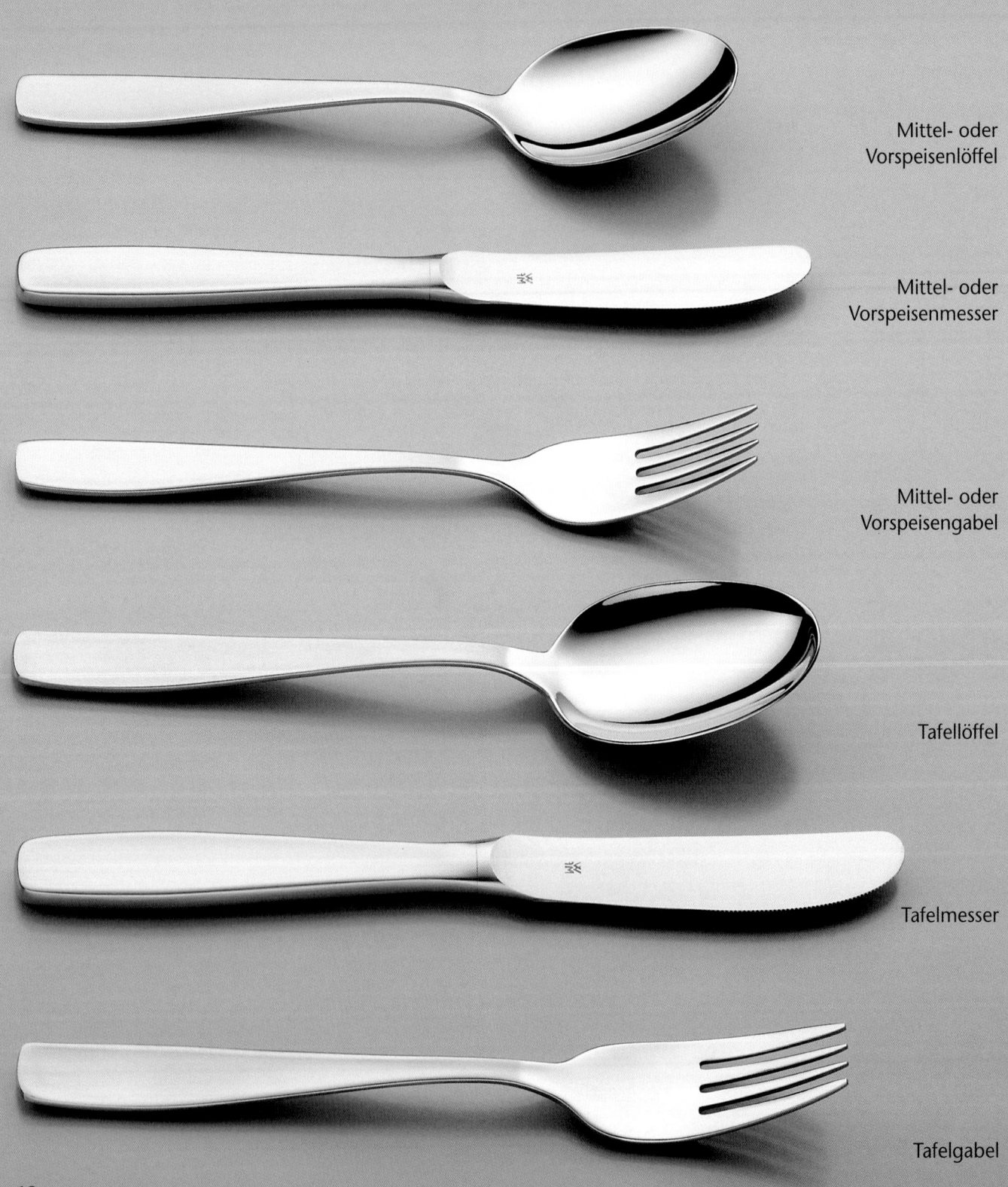

Mittel- oder
Vorspeisenlöffel

Mittel- oder
Vorspeisenmesser

Mittel- oder
Vorspeisengabel

Tafellöffel

Tafelmesser

Tafelgabel

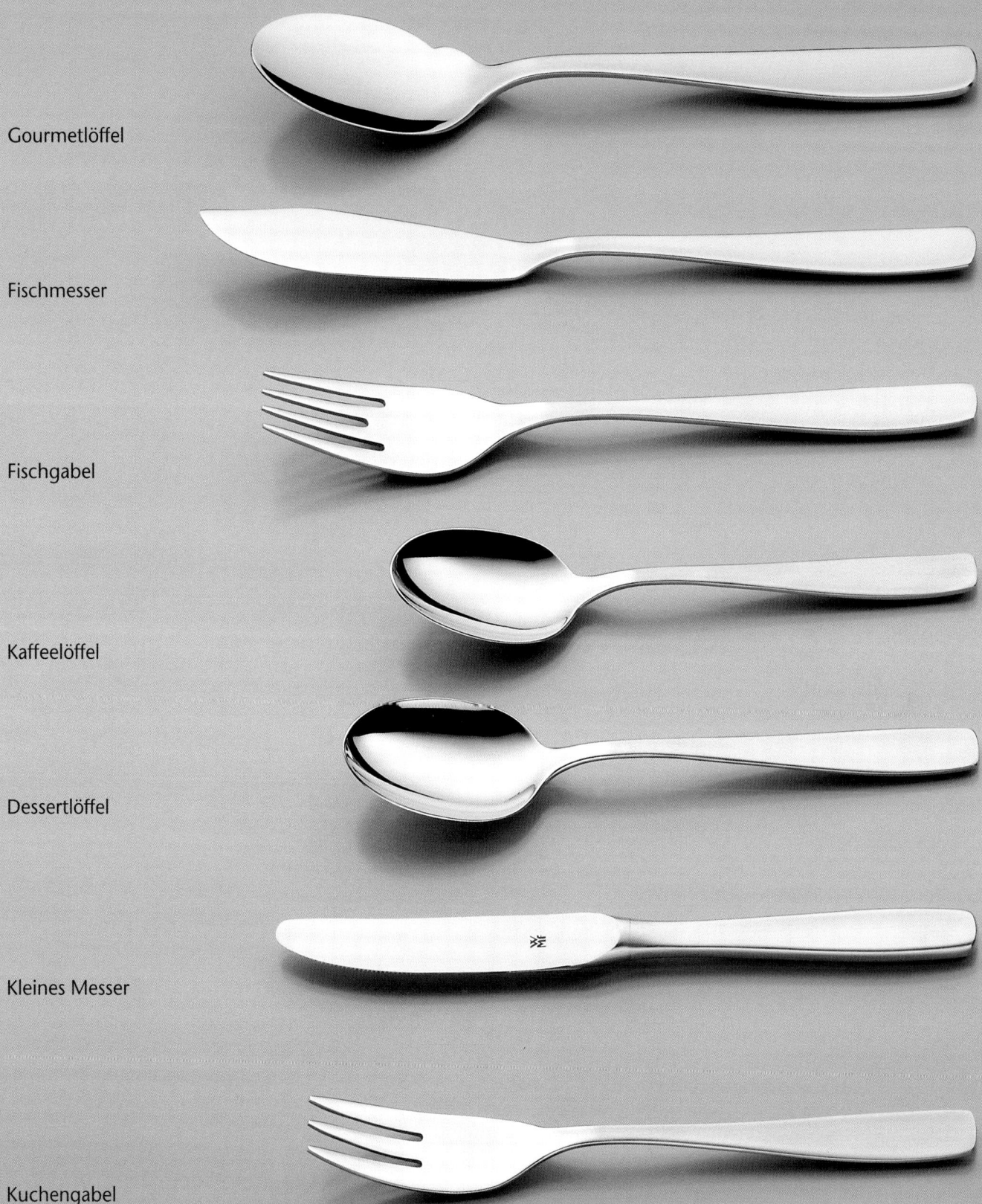

Gourmetlöffel

Fischmesser

Fischgabel

Kaffeelöffel

Dessertlöffel

Kleines Messer

Kuchengabel

Die Spezial- und Hilfsbestecke

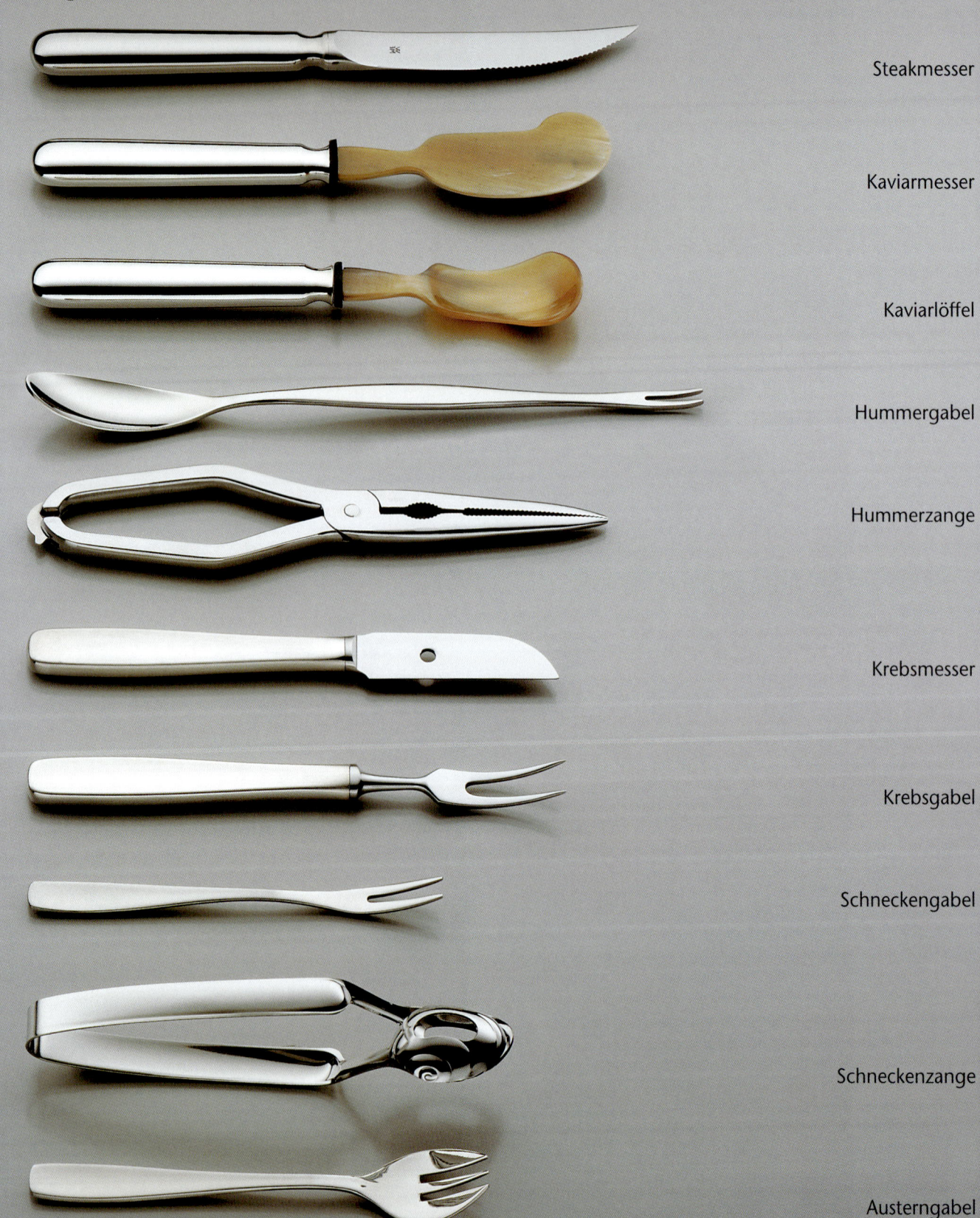

Steakmesser

Kaviarmesser

Kaviarlöffel

Hummergabel

Hummerzange

Krebsmesser

Krebsgabel

Schneckengabel

Schneckenzange

Austerngabel

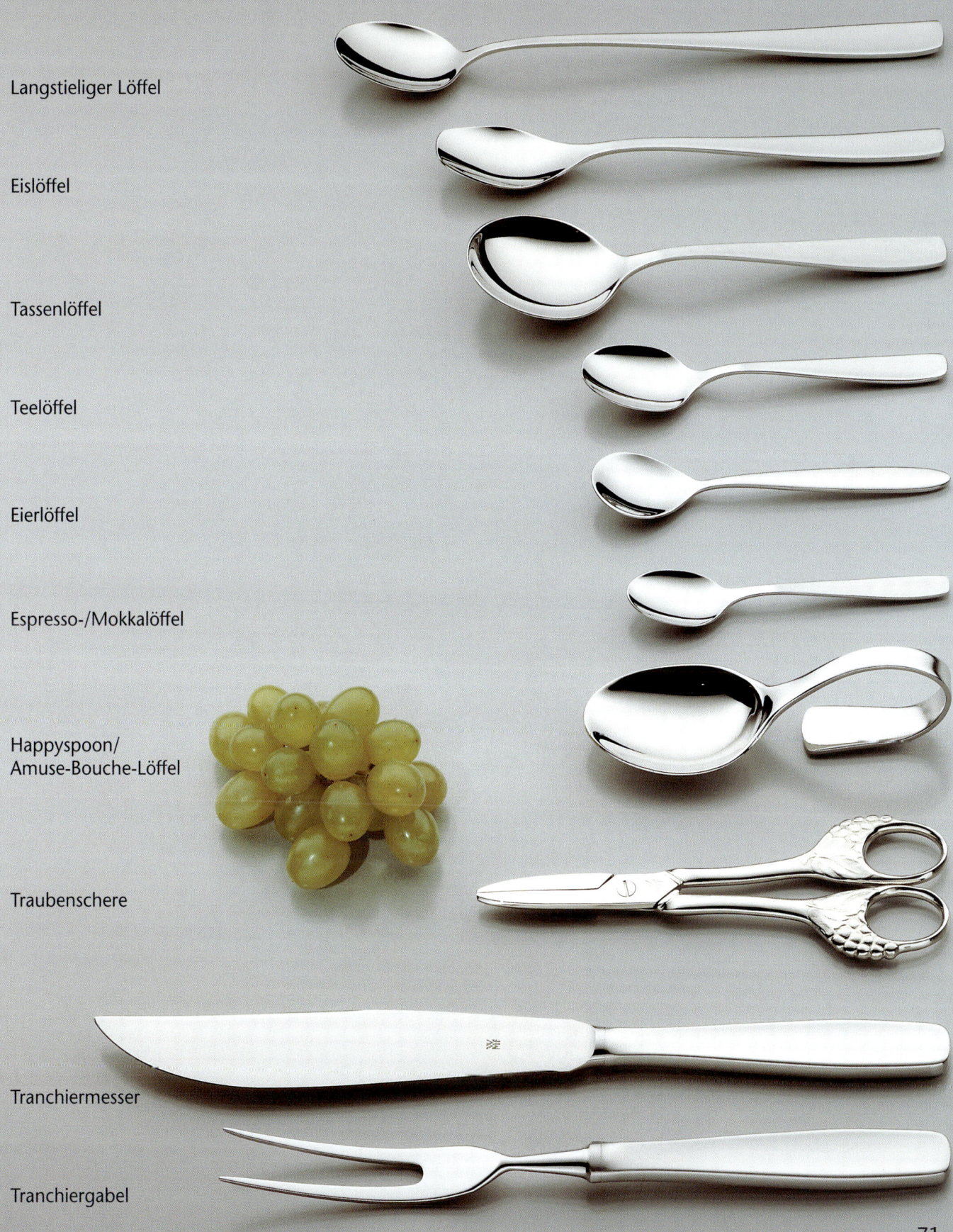

Langstieliger Löffel

Eislöffel

Tassenlöffel

Teelöffel

Eierlöffel

Espresso-/Mokkalöffel

Happyspoon/
Amuse-Bouche-Löffel

Traubenschere

Tranchiermesser

Tranchiergabel

71

Die Vorlegebestecke

Bowlenlöffel

Suppenschöpfer

Saucenlöffel

Dressinglöffel

Salatzange

Eiszange

Zuckerzange

Chafing-Dish-Besteck

Salatbesteck

Fischvorlegebesteck

Spargelzange

Gebäckzange

Tortenheber

Besteckreinigung und -pflege

Obwohl die Edelstahlbestecke relativ pflegeleicht sind, sollte man darauf achten, dass sie nach dem Gebrauch möglichst schnell gespült werden. Da erfahrungsgemäß dies nicht immer möglich ist, empfiehlt es sich, die Bestecke nach dem Abräumen in der Spülküche in einem Behälter mit Wasser und einem Spülmittel zu sammeln. Dies verhindert zunächst einmal ein zu starkes Einwirken der Säuren der Speisereste auf das Besteck. Bestecke und Tafelgeräte mit Silberauflage laufen durch die Reaktion des Metalls mit dem Schwefelwasserstoff in der Luft sowie den Schwefelspuren in den Nahrungsmitteln, z. B. Eier, Fisch, Fleisch und Senf, an und müssen deshalb einer besonderen Reinigung unterzogen werden.

Allen versilberten Tafelgeräten, wie z. B. Eiskühlern, Fingerschalen und Kerzenleuchtern, kann, allerdings nur bei geringer Anlaufverschmutzung, durch das Polieren mit einem Silberpflegetuch wieder neuer Glanz verliehen werden.

Ansonsten können diese Gegenstände im so genannten galvanischen Silberbad grundgereinigt werden. In eine Wanne mit heißem Wasser und Sodazugabe, z. B. 1 Teelöffel Soda auf 1 l Wasser, werden spezielle Aluminiumplatten oder ersatzweise Alufolie eingelegt und die Teile durch Eintauchen gereinigt.

Vor allem stärkere Anlaufverschmutzungen entfernt man durch das Auftragen einer Silberpflegecreme oder -paste, die nach kurzer Einwirkzeit trocken abgerieben wird.

Für die Reinigung von Bestecken können auch handelsübliche Tauchbäder, die industriell hergestellt werden, zum Einsatz kommen. Dabei ist darauf zu achten, dass das Besteck nur kurz eingetaucht wird und die Flüssigkeit beim Arbeiten keinesfalls mit Edelstahlflächen in Berührung kommt. Die Verwendung von Kunststoffwannen und Gummihandschuhen ist bei dieser Reinigung ratsam.

Den größten Poliereffekt bieten Silberpoliermaschinen. Einerseits können zwar selbst feine Kratzer auf den Gegenständen beseitigt werden, andererseits ist jedoch der Abrieb der Silberauflage bei dieser Reinigung am größten. Die Poliermaschine sollte deshalb nicht häufiger als zweimal im Monat zum Einsatz kommen.

Alle Teile, die einer Silberreinigung unterzogen wurden, müssen danach in der Spülmaschine nochmals gereinigt werden.

Porzellan

Herstellung und Qualitätsanforderungen

Im gastronomischen Betrieb und damit auch in der Bankettabteilung kommt hauptsächlich die Verwendung von Hartporzellan in Frage. Dieses Hotelporzellan wird aus 3 Rohstoffen hergestellt: aus Kaolin, das auch Porzellanerde genannt wird, Feldspat und Quarz. Das ungefähre Mischungsverhältnis ist 50 Prozent Kaolin und je 25 Prozent Quarz und Feldspat. Jeder der 3 Rohstoffe erfüllt seine ganz besondere Funktion:

- Kaolin macht die Masse formbar und gibt dem Geschirr die Farbe.
- Quarz sorgt dafür, dass das Porzellan hart, hitzebeständig und chemisch nicht angreifbar ist.
- Feldspat schließlich ist zuständig für Dichte und Transparenz.

Diese Rohstoffmischung wird zunächst zu einem Granulat aufbereitet und zu fester oder flüssiger Porzellanrohmasse weiterverarbeitet. Aus der festen Porzellanmasse wird Flachgeschirr, wie z. B. Teller, durch Drehen hergestellt. Die flüssige Porzellanmasse dient als Rohstoff für durch Gießen hergestelltes Hohlgeschirr, wie beispielsweise Kännchen.

Ihre Gestaltungsform erhalten diese Porzellanteile durch die Bearbeitung in Gipsformen. Die jüngste Art der Formgebung für Porzellangeschirr ist das isostatische Pressen. Bei dieser hochmodernen Technik bringen Metallwerkzeuge in großen Pressen und unter hohem Druck die pulverförmige Masse in Form.

Porzellan wird zwei- bis dreimal gebrannt. Nach dem ersten Brand, dem so genannten Verglühbrand, erfolgt das Glasieren.

Nur Porzellanteile, die mit Unterglasurdekor versehen werden, werden vor dem Glasieren dekoriert. In allen übrigen Fällen erfolgt nach der Glasur der zweite Brand, der Glattbrand. Nach dem anschließenden Schleifen und Polieren werden die Porzellanteile mit Dekoren und Vignetten – z. B. Embleme, Initialen und Schriftzüge des Betriebs – versehen. So entsteht das so genannte Aufglasurdekor. Den besten Schutz vor der Beanspruchung durch die Spülmaschine bietet das Inglasurdekor. Hierbei wird das Geschirr nach dem zweiten Brand dekoriert und ein drittes Mal gebrannt.

Hotelporzellan

Hotelporzellan muss den unterschiedlichsten Anforderungen des gastronomischen Betriebs gewachsen sein. Wesentliche Gesichtspunkte sind hierbei

- Stabilität und Kantenschlagfestigkeit
- schnittfeste Glasur
- perfekte Stapelfähigkeit
- Spülmaschinen-, Salamander- und Mikrowellen-eignung
- genügend lange Nachkaufsmöglichkeit

Das Aussehen, das vom Design, der Form und dem Dekor bestimmt wird, ist eine Frage des Geschmacks. Im Trend liegen u. a. rein weiße Geschirre, die bei Tellern im Bereich der Fahne reliefiert sind. Bei den Farbdekoren herrschen feine Linien im Randbereich und Pastelltöne auf der Tellerfahne vor. Um die Optik der Speisen auf dem Teller ungestört zur Geltung bringen zu können, werden Teller, die im Bereich des Spiegels undekoriert sind, bevorzugt. Werden im Bankettbereich Platzteller aus Porzellan verwendet, sollten sie vom Stil her zur übrigen Materialausstattung und zum Ambiente der Räumlichkeiten passen.

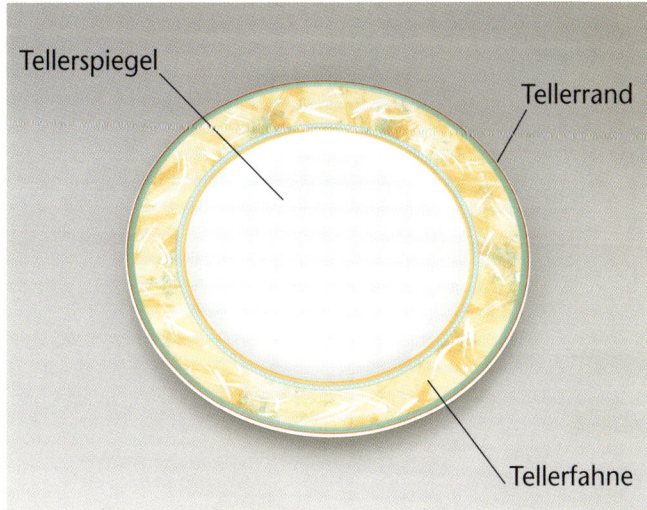

Gedeck- oder Platzteller gibt es aus den unterschiedlichsten Materialien: Porzellan, Zinn, Messing, Silber, Gold oder Glas. Gedeckteller dienen als Grundteller, auf die die anderen Teller gestellt werden, sie sind aber auch sehr dekorativ.

Porzellanteile

- Gedeck- oder Platzteller (ø 30 bis 35 cm) sind dekorative Unterteller für alle Menügänge und bieten beim Eindecken der Festtafel den Vorteil, dass das Innenmaß des Gedecks mit dem Platzteller genau festgelegt ist. Gedeckteller sollten grundsätzlich mit einem Deckchen, am besten in zur Tischwäsche passender Ausführung, verwendet werden, um die Oberfläche der Teller zu schonen.

- Englische Teller oder Grillteller (ø 28 bis 31 cm) sind für Tellergerichte, aber auch für dekorative Vorspeisen und Desserts geeignet.

- Vorspeisen- oder Fischteller (ø 24 bis 26 cm) werden im Allgemeinen für verschiedene Vorspeisen, Zwischengerichte und Nachspeisen, aber auch für Hauptgerichte, die dem Gast am Tisch vorgelegt werden, verwendet. Außerdem kommen sie bei den verschiedensten Büfetts sowie als Unterteller – mit einem Papierdeckchen versehen – für tiefe Teller zum Einsatz.

- Mittelteller (ø etwa 20 cm) für Brot oder Toast, Frühstück, kleine gemischte Salate als Beilage, Käse, kleine Desserts, Kuchen, Amuse-Bouche und als Unterteller für die Suppen, die in Tassen serviert werden. Auch hier sollte sich zwischen Mittelteller und Untertasse ein Papierdeckchen befinden.

- Kleine Teller (ø 15 bis 17 cm) für Brot oder Toast und Butter, als Unterteller für kleine Gefäße und eventuell als Ablageteller für kleine, nicht verzehrbare Speisenteile (z. B. Gräten).

- Tiefe Teller (ø 24 bis 26 cm), auch als Suppenteller bezeichnet, werden für Speisen verwendet, bei denen ein etwas höherer Tellerrand erforderlich ist, wie z. B. für Suppen mit groben Einlagen sowie Eintopfgerichte, für Spaghetti und andere Teigwarengerichte, für Salate und warme bzw. gratinierte Desserts. Tiefe Teller können außerdem als Ablageteller für Muschelgerichte verwendet werden.

- Suppentassen (mit 0,1 bis 0,2 l Fassungsvermögen), größere, zweihenkelige Tassen, werden für klare und gebundene Suppen mit und ohne Einlage verwendet. Die kleineren Tassen – oft auch nur mit einem Henkel ausgestattet – sind vornehmlich für Essenzen, also für stark konzentrierte klare Suppen und exotische Spezialsuppen bestimmt.

- Getränketassen unterschiedlicher Formen und Größen werden vor allem für die verschiedenen Heißgetränke, wie Kaffee, Tee, Schokolade und Mokka, aber auch für die heutzutage besonders beliebten Kaffeespezialitäten, wie z. B. Espresso, Cappuccino und Milchkaffee, verwendet.

- Kannen und Kännchen gibt es in verschiedenen Formen und Größen, mit Deckel für Tee, Kaffee, Schokolade und Mokka sowie ohne Deckel für Milch und Kaffeesahne zu den Aufgussgetränken.

- Platten finden je nach Form – oval, rechteckig oder rund – für Fleisch, Fisch und für Gemüse Verwendung.

- Saucieren gibt es in unterschiedlichen Größen und Formen für diverse warme und kalte Saucen sowie für die flüssigen und geschlagenen Butterarten.

- Schüsseln und Terrinen können sowohl mit als auch ohne Deckel für Eintöpfe, Suppen und Ragouts mit viel Sauce, aber auch für die unterschiedlichsten Beilagen verwendet werden. Hierbei ist zu beachten, dass frittierte Kartoffelbeilagen, wie z. B. Pommes frites, nach dem Anrichten in der Beilageschale – (französische Fachbezeichnung: Légumier, von légume = Gemüse) – nicht mit einem Deckel abgedeckt werden dürfen, da sie sonst aufweichen.

- Sonstige Teile, wie z. B. Zuckerschälchen, Fingerbowlen, Fondueteller, Salz- und Pfeffermenagen, Kerzenleuchter, Blumenvasen und Aschenbecher, können die Ausstattung an Porzellanteilen im Bankettbereich komplettieren.

Ein kleines Porzellansortiment. Alle Porzellanteile, die auf den Tisch des Gastes kommen, sollten dasselbe Design haben.

Gläser

Die Erfindung der Glasmacherpfeife vor über 2000 Jahren in Syrien ermöglichte es, Glas in vorgegebene Formen zu blasen.

Die in der Gastronomie verwendeten Gläser werden aus den Rohstoffen Sand, Soda, Kalk und Pottasche, die bei einer Temperatur von etwa 1500 °C zum Schmelzen gebracht werden, hergestellt.

Gläser für den Einsatz im gastronomischen Betrieb und damit auch im Bankettbereich sind lichtdurchlässig und farblos, geschmacksneutral und wegen ihrer glatten, porenfreien Oberfläche schnell und einfach zu reinigen. Gegen hohe und wechselnde Temperaturen sind sie allerdings empfindlich und leicht zerbrechlich. Gläser werden nach Qualitäten und Formen unterschieden.

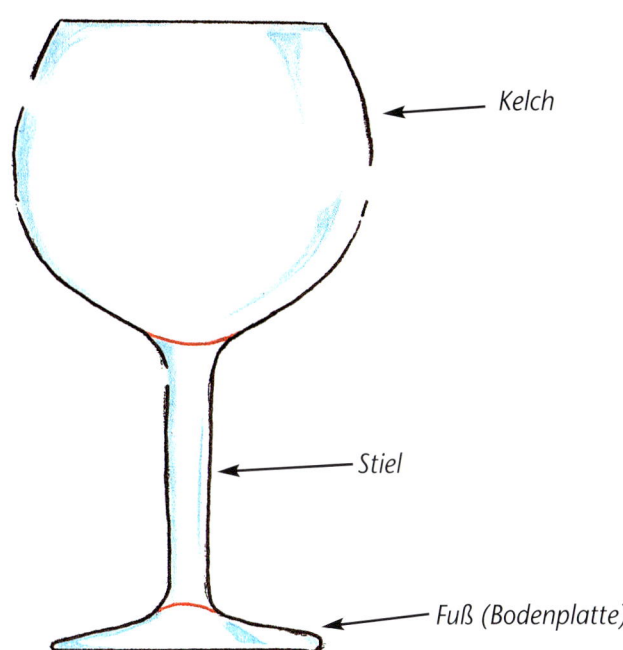

Kelch

Stiel

Fuß (Bodenplatte)

Gläserqualitäten

Einfaches Gebrauchsglas wird als Kalk-Natron-Glas hauptsächlich durch Pressen industriell hergestellt. Es wird meist für einfache Gläser und Flaschen, die oft etwas grau und stumpf wirken, verwendet. Am häufigsten wird in der Gastronomie Kristallglas eingesetzt. Der Rohstoffmasse dieser Qualität wird Barium, Zink, Kalium oder Blei hinzugefügt. Bleihaltige Glassorten mit einem Bleioxidanteil von 24 Prozent bezeichnet man als Bleikristall. Hochbleikristall enthält 30 Prozent Bleioxid. Feuerfestes Glas, das durch einen Zusatz von Borsäure hergestellt wird, nennt man Borosilikatglas. Es ist unempfindlich gegenüber Temperaturschwankungen, formbeständig bis etwa 550 °C und wird z. B. zur Herstellung von Tee- und Groggläsern verwendet.

Gläserformen

Grundsätzlich unterscheidet man zwischen Bechergläsern – mit und ohne Henkel – und Stielgläsern. Bechergläser sind zum Ausschank von Mineralwässern, Säften, kohlensäurehaltigen Erfrischungsgetränken, Longdrinks und Bier gut geeignet. In Henkelgläsern serviert man offene Weine, Schorlen, Bowlen und Punsche. Stielgläser werden aus den 3 Teilen Kelch, Stiel und Fuß oder Bodenplatte zusammengesetzt und haben im Bankettbereich die größte Bedeutung.

Reinigung und Pflege

Heutzutage ist es üblich, die Gläser maschinell zu reinigen. Spezielle Gläserkörbe, die der Höhe und dem Kelchdurchmesser der Gläser entsprechen sollten, bieten beim Spülen den besten Schutz gegen Bruch. Die Gläser sollten schräg in der Maschine stehen, damit keine Wasserreste auf den Standflächen zurückbleiben und ein optimaler Klartrockeneffekt erreicht wird. In den erwähnten Körben können die Gläser dann zusätzlich auch transportiert und gelagert werden.

Vor dem Eindecken auf den Tischen bzw. Festtafeln werden sie dann nochmals auf perfekte Sauberkeit überprüft und gegebenenfalls über Wasserdampf gehalten und mit einem fusselfreien Tuch aus Halbleinen nachpoliert. Gläser mit beschädigtem Trinkrand müssen aussortiert werden.

Getränkespezifische Formen der Gläser

Um den Genuss der Getränke zu optimieren, ist es vorteilhaft, die Form der Gläser – vor allem der Stielgläser – auf die jeweiligen Getränke abzustimmen. So erfordern Getränke mit besonderen Duftstoffen, wie z. B. Wein, ein Glas mit einem Kelch, der sich zum Rand hin verjüngt, so dass die Duftstoffe in der Glasöffnung zusammengeführt werden. Eine Ausnahme bilden spezielle Rieslinggläser. Sie haben am sich verjüngenden Kelch einen ausgestellten Trinkrand. Dies hat zur Folge, dass der oft sehr stark säurebetonte Riesling über den ausgestellten Rand relativ spitz in den Mund einfließen kann, damit auf den süß schmeckenden vorderen Zungenbereich auftrifft und die Säure sozusagen ausblendet. Für Getränke mit stark ausgeprägten Duftstoffen, wie Rotwein und Weinbrand, empfiehlt sich die Verwendung von Gläsern mit besonders großen Kelchen, die sich ebenfalls nach oben verjüngen. Da die Gläser höchstens zu einem Viertel bis zu einem Drittel des gesamten Kelchvolumens gefüllt werden, können sich die Aromastoffe am besten entfalten.

Für Getränke mit viel Kohlensäure, wie z. B. Schaumwein und Bier, werden grundsätzlich schlanke, hohe Gläser verwendet. So ist die frei werdende Kohlensäure aufsteigend auf einem langen Weg sichtbar. Schaumweingläser sollten zusätzlich über einen so genannten Moussierpunkt – eine angeraute Stelle am Boden des Kelchs – verfügen. Dies hat zur Folge, dass das Perlen auf diesen Punkt konzentriert wird und ein längeres und intensiveres Perlen gegeben ist.

Gläser für die Aperitifbar

1 Tumbler
2 Longdrinkglas
3 Highballglas
4 Cocktailglas

Gläser für Wein und Schaumwein

1 Burgunderglas
2 Bordeauxglas
3 Rotweinkelch
4 Weißweinkelch
5 Rieslingglas
6 Weißweinglas
7 Sektkelch
8 Champagnerglas
9 Südweinkelch

Gläser für Spirituosen und Bier

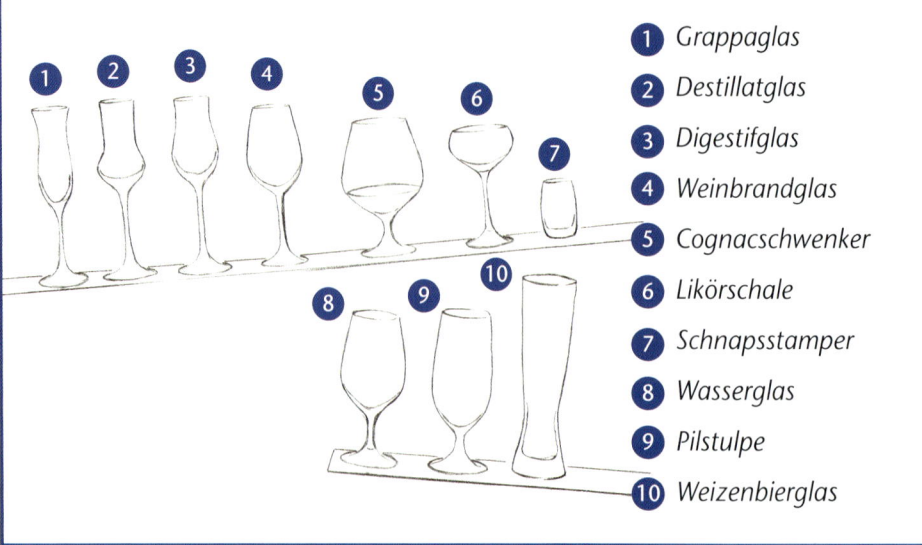

1 Grappaglas

2 Destillatglas

3 Digestifglas

4 Weinbrandglas

5 Cognacschwenker

6 Likörschale

7 Schnapsstamper

8 Wasserglas

9 Pilstulpe

10 Weizenbierglas

Sonstige Tisch- und Tafelgeräte

Hiermit sind alle Gegenstände gemeint, die den vorgenannten Materialgruppen nicht zugeordnet werden können. Je nach Art der Veranstaltung, Stil und Niveau des Hauses und besonderen Wünschen der Gäste werden sie im Bankett benötigt und eingesetzt.

Platzteller

Außer aus Porzellan können diese auch aus Chrom-Nickel-Stahl oder versilbertem Material sein und verschönern die festlich eingedeckte Tafel. Als Unterteller für alle Menügänge sind sie grundsätzlich mit einem Deckchen zu belegen und nach dem Hauptgang bzw. dem Dessert abzuräumen.

Kerzenleuchter

Sie werden meistens für Veranstaltungen, die am Abend stattfinden, verwendet und bilden ein weiteres dekoratives Element auf der Tafel. Die Farbe der Kerzen ist möglichst auf die Farbe anderer Dekorationselemente abzustimmen. Die Größe der Kerzenleuchter – Einer, Dreier oder Fünfer – ist der Größe des Tischs bzw. der Tafel anzupassen. Die Kerzen werden kurz vor dem Eintreffen der Gäste angezündet. Es werden ausreichend Reservekerzen bereitgehalten.

Menagen

Salz und Pfeffer in Streuern oder Mühlen gehören zur Standardausrüstung im Bankettbereich. Da ein ergänzendes Würzen der bei den Veranstaltungen servierten Speisen meistens überflüssig ist, werden auf Festtafeln keine Menagen oder lediglich Salzstreuer von vorneherein eingesetzt. Alle weiteren Menagen, wie z. B. Pfefferstreuer und -mühlen, Zuckerstreuer, Senfgefäße, Essig- und Ölgarnituren sowie sonstige Würzsaucen, werden auf einem Servicetisch im oder vor dem Veranstaltungsraum bereitgehalten und bei Bedarf eingesetzt. Die Menagen sind regelmäßig zu reinigen und zu pflegen, damit sie in hygienisch einwandfreiem Zustand dem Gast serviert werden können.

Tellerglocken

Bei kleinen, exklusiven Bankettveranstaltungen werden häufig auch gewölbte Tellerhauben, so genannte Cloches (von französisch = Glocke), zum Abdecken einzelner Menügänge verwendet. Nach dem Einsetzen beim Gast werden sie vom Servicepersonal für alle Gäste gleichzeitig abgehoben. Außer diesen Tellerglocken werden auch flache Bankettcloches verwendet. Sie haben über den Warmhalteeffekt hinaus den Vorteil, fertig angerichtete Essen stapeln zu können. Diese Cloches werden allerdings bereits am Küchenpass vor dem Servieren von den Tellern entfernt.

Brotkörbe und Fingerschalen

Brotschalen und -körbe aus z. B. versilbertem Material können auf den Gästetischen eingesetzt werden, oder das Brot wird aus ihnen durch das Servicepersonal von der linken Seite den Gästen angeboten. Fingerbowlen aus Edelstahl oder versilbertem Material werden bei all den Gerichten benötigt, bei denen die Gäste die Speise zum Verzehr mit der bloßen Hand berühren müssen. Die Fingerschalen werden zu $^3/_4$ mit warmem Wasser gefüllt, in eine Serviettentasche eingeschoben und auf einem Mittelteller dem Gast links oberhalb des Gedecks eingesetzt. Dem warmen Wasser wird eine Zitronenscheibe zugefügt.

85

Wein- und Sektkühler, Punchbowls

Es gibt hauptsächlich zwei Ausführungen. Zum einen werden doppelwandige Isolationskühler aus Acrylglas zum Kühlhalten von Weinen und Mineralwasser meistens sogar auf der Tafel eingesetzt. Zum anderen werden die herkömmlichen Kühler aus Edelstahl, Cromargan® oder auch versilbert, mit Eis und Wasser gefüllt und mit einer Handserviette versehen, auf dem Servicetisch im oder vor dem Raum bereitgehalten. Mit passenden Standfüßen können diese Kühler – z. B. bei Ballveranstaltungen mit sehr vielen verschiedenen Weinbestellungen – in der Nähe des jeweiligen Gästetischs aufgestellt werden.
Die großen Punchbowls werden meistens bei Schaubüfetts und Open-Bars zum Kühlen und gleichzeitig als dekorativer Blickfang eingesetzt.

Sonstige Geräte

Weitere Gegenstände, wie z. B. Zahnstocher- und Strohhalmbehälter oder Rechaudbatterien mit Rechaudplatten zum Heißhalten von Speisenplatten und Beilagenschüsseln im Vorlegeservice, können das Equipment im Bankettbereich vervollständigen.

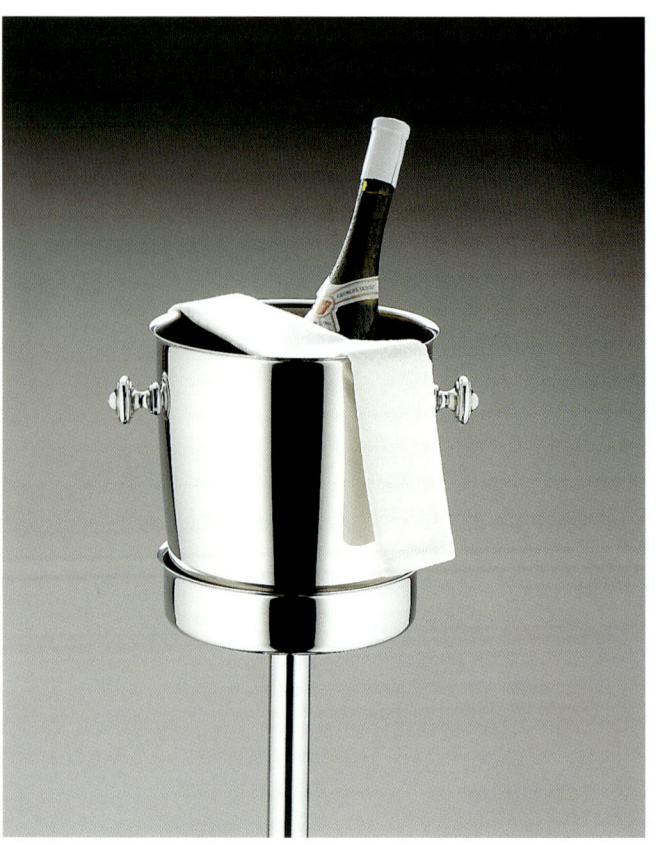

Sehr elegant im Design ist der etwas breiter gehaltene Weinkühler aus Cromargan® mit Standfuß.

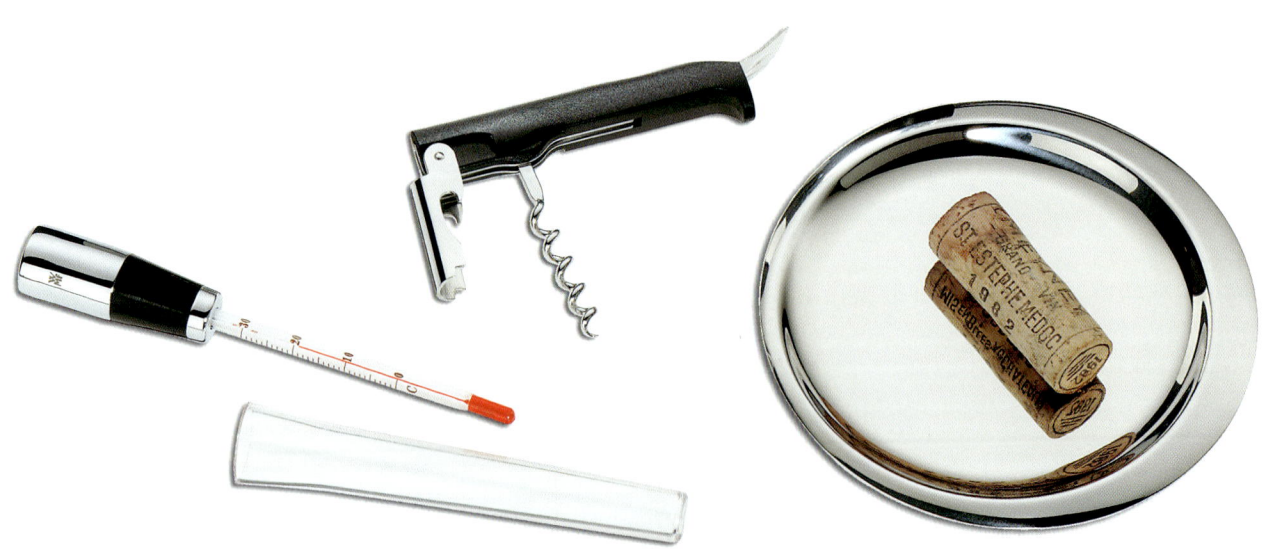

Die Punchbowl bietet genügend Platz, beim Aperitifbüfett auch Magnumflaschen dekorativ bereitzuhalten. Sie wirkt optisch allerdings nur dann als Blickfang, wenn sie mit mehreren Flaschen gefüllt ist.

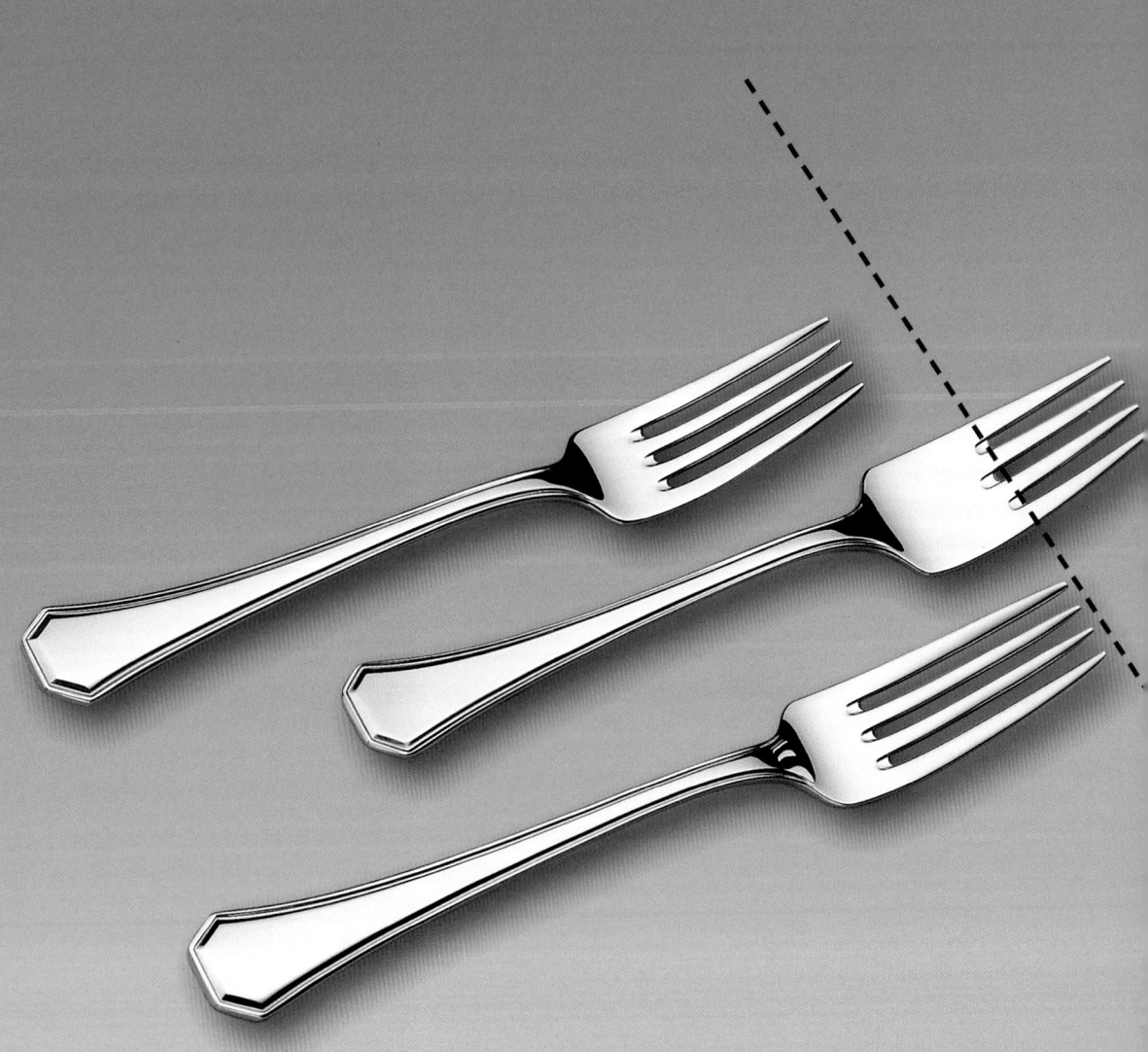

3

Regeln für das Eindecken

Voraussetzungen schaffen

Das Eindecken eines Tischs oder einer Tafel ist ein organisatorischer Vorgang, der gut überlegt und sorgfältig geplant werden sollte.

Er gehört in den Bereich der Vorbereitungsarbeiten im Service, also zur so genannten Mise en place, und umfasst die Bereitstellung aller Materialien, die benötigt werden.

Dass die Hygiene und Sauberkeit hier eine wesentliche Rolle spielen, drückt sich in dem Prinzip aus: Polieren kommt vor dem Servieren!

Während viele Vorbereitungen im Service sozusagen hinter den Kulissen – nämlich im Office – ablaufen, wirkt das korrekte Eindecken außerordentlich eindrucksvoll auf das – erwartet positive – Gesamturteil unserer Gäste. Ein schön eingedeckter Tisch findet immer besondere Beachtung und Anerkennung!

Zur Vorgehensweise: Grundlage und Voraussetzung zum Eindecken sind zunächst einmal alle Materialien wie Mobiliar, Tischwäsche, Porzellan, Bestecke, Gläser, Tafelgeräte usw., die im Servicebereich zur Verfügung stehen. Das ist die große Mise en place.

Ist nun z. B. ein Bankett vorzubereiten, so setzt das eine konzentrierte gedankliche Planung voraus. Zunächst stellt man eine kleine Mise en place zusammen. Dazu ist eine gezielte Materialauswahl zu treffen, die sich nach folgenden Kriterien richtet: Tischform, Personenzahl, Anlass, Speisenangebot mit Anrichtweise der Gänge, korrespondierende Getränke und sonstige spezielle

DAS EINDECKEN ALS ORGANISATORISCHER VORGANG

VORAUSSETZUNGEN

GROSSE MISE EN PLACE
Materialien, die im Servicebereich zum Eindecken zur Verfügung stehen.

PLANUNG

KLEINE MISE EN PLACE
Materialauswahl je nach Tischform, Personenzahl, Anlass, Speisenangebot mit Anrichtweise der Gänge, korrespondierende Getränke und sonstige spezielle Wünsche der Gäste bzw. Gepflogenheiten des Betriebs.

DURCHFÜHRUNG

EINDECKEN NACH FACHLICHEN REGELN

KONTROLLE

ÜBERPRÜFEN AUF VOLLSTÄNDIGKEIT UND AUSRICHTEN

Wünsche der Gäste bzw. Gepflogenheiten des Hauses. Diese Informationen stehen im Bankettauftrag, der oft auch als Bankettanweisung oder Function Sheet bezeichnet wird. Fehlen bestimmte Angaben auf dem Formular, wie z. B. eine besondere Anrichteweise bestimmter Menügänge, müssen diese Informationen aus der Küche besorgt werden. Alle Eindeckarbeiten für Bankette im Betrieb werden auf diese Art und Weise gedanklich geplant.

Ist jedoch eine Veranstaltung außer Haus (Catering) zu organisieren, empfiehlt es sich, die Planung schriftlich durchzuführen. Hierbei sind ausführliche Materiallisten als Formulare sehr hilfreich (siehe Kapitel 9).

Wenn die kleine Mise en place zusammengestellt ist, kann mit der Durchführung der Arbeit begonnen und eingedeckt werden.

Nach dem kompletten Eindecken der Tafel darf nicht vergessen werden, noch eine Kontrolle durchzuführen. Diese erstreckt sich auf die Überprüfung des gedeckten Tischs hinsichtlich eventuell fehlender Gedeckteile und auf das Ausrichten.

Das bedeutet, vor allem bei langen Tafeln, genau zu überprüfen – gegebenenfalls sogar zu zweit –, dass alle Gedeckteile in einer geraden Linie eingedeckt sind.

Alle Gedecke sollten „wie an der Schnur gespannt" eingedeckt und ausgerichtet sein.

Richtiges Verhalten beim Eindecken

Die Vorbereitung eines Bankettraums für eine Veranstaltung erfordert Verantwortungsbewusstsein, und Sauberkeit, Hygiene sowie rationelles Arbeiten sind wichtige Punkte, die hierbei bedacht werden müssen. Zum Eindecken sollte auch genügend Arbeitsfläche durch die Bereitstellung von separaten Tischen vorhanden sein. Hier können dann die Servietten gebrochen und die Teller und Gläser zunächst einmal abgestellt werden. Besonders wichtig ist die richtige Aufeinanderfolge, in der eingedeckt werden sollte.

Einhalten von Arbeitsschritten und Platzierungsregeln

Mobiliar

Als Erstes werden die Tische gereinigt sowie die Tafel gestellt und ausgerichtet. Eventuelle Unebenheiten der Tische müssen unbedingt mit Korkscheiben oder den vorhandenen Verstellschrauben ausgeglichen werden. Wackelnde Stühle werden dagegen sofort ausgetauscht. Unsicher stehendes Mobiliar stellt immer ein Ärgernis für die Gäste dar! Sollten für die Veranstaltung Einzeltische, z. B. runde Tische, vorgesehen sein, so verschafft man sich nach dem Stellen der Tische und Stühle von einer Seite des Raums einen Gesamtüberblick und kontrolliert dabei, ob alle Tische gleichmäßig im Raum verteilt sind. Außerdem sollte eine angemessene Lauffläche für das Servicepersonal berücksichtigt werden.

Tischwäsche

Sind die Tische und Stühle entsprechend der erwarteten Personenzahl verteilt, können die Moltons und anschließend die Tischdecken bzw. Tafeltücher aufgelegt werden. Dabei ist zu beachten, dass man dies bei Tafeltüchern grundsätzlich zu zweit machen sollte, um ein Verknittern zu verhindern.

Beim Auflegen von einzelnen Tischdecken auf lange Tafeln ist zu berücksichtigen, dass die erste auf dem Tafelende, das dem Eingang gegenüberliegt, platziert wird. Wird danach die zweite aufgelegt, so zeigt die

Kante dieser Tischdecke vom Gästeeingang weg, und es ergibt sich von dort aus ein eleganteres Gesamtbild der Tischoberfläche.

Gästeeingang und Blickrichtung

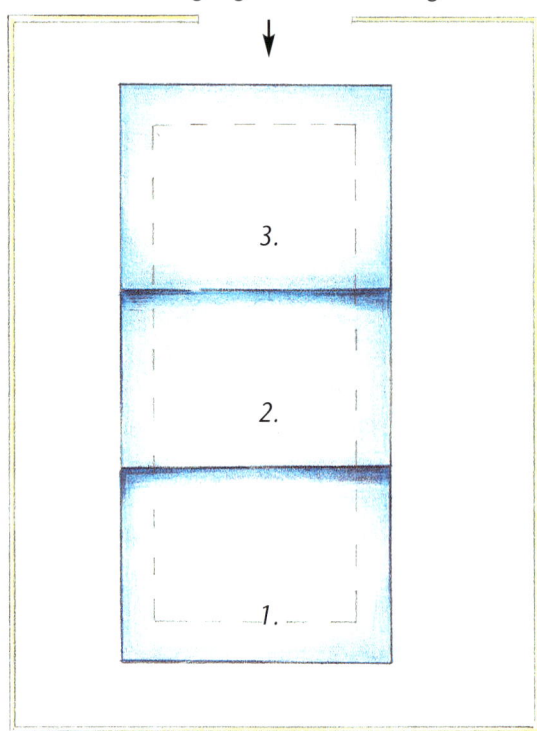

In Veranstaltungsräumen mit Blocktafeln beginnt man immer mit dem Auflegen einzelner Tischdecken gegenüber dem Eingang des Raums, damit der eintretende Gast nicht die Kanten der Tücher sieht.

Auch die Platzierung der Brüche der Tischdecken bzw. Tafeltücher ist zu berücksichtigen. Üblicherweise sollte sich der Oberbruch einer aufgelegten Tischdecke bzw. eines Tafeltuchs auf der gegenüberliegenden Seite oder der rechten Seite – vom Eingang aus gesehen – befinden. Aus diesen Gründen werden einzelne Tischdecken immer mit dem Eingang im Rücken fachgerecht aufgelegt. Die Oberbrüche sind dann automatisch auf der richtigen Seite, nämlich dem Eingang gegenüber. Außerdem werden sie so aufgelegt, dass sich an allen Seiten des Tischs bzw. der Tafel ein gleichmäßig korrekter Überhang ergibt. Um eine gerade Linie beim Abschluss des Überhangs zu erzielen, kann man die eventuell überstehenden Ecken nach hinten umschlagen und mit einem kleinen Klebestreifen – auf keinen Fall dürfen Nadeln verwendet werden! – befestigen (vgl. auch Kapitel Tischwäsche und Serviettenformen ab Seite 26).

Es muss hier sicher nicht besonders betont werden, dass die Tischdecken in einem einwandfreien Zustand sein sollten und keine Flecken oder Löcher aufweisen dürfen. Auch das zusätzliche Auflegen von Deckservietten ist wegen der vielen weiteren Kanten und Brüche auf der Tischoberfläche nicht zu empfehlen.

Gedeckmitte

Nun kann die Gedeckmitte festgelegt werden. Dies geschieht entweder durch Einsetzen von Platztellern oder durch das Auflegen von Mundservietten. Das Innenmaß des Gedecks sollte 28 bis 30 cm betragen. Es entspricht dann in etwa dem Durchmesser des größten Tellers, der im Verlauf des Menüs dem Gast eingesetzt wird. In den meisten Fällen ist das der Teller für den Hauptgang.

Für den Fall der Verwendung von Platztellern werden diese an der so genannten Grundlinie (= eine Fingerbreite Abstand zur Tischkante) genau gegenüber dem Stuhl auf der Tafel platziert.

Gedeckmitte mit eingesetztem Platzteller. Der Platzteller ist an der Grundlinie, 1 bis 2 cm von der Tischkante entfernt, ausgerichtet.

Im anderen Fall, d. h. bei der Verwendung von Mundservietten der Größe 40 x 40 cm, ergibt sich durch einen einfachen Kniff die optimale Festlegung der inneren Gedeckbreite, die sonst allein durch Augenmaß bestimmt werden muss.

Der Kniff besteht nun darin, die zu einem Quadrat gefaltete oben erwähnte Mundserviette diagonal genau

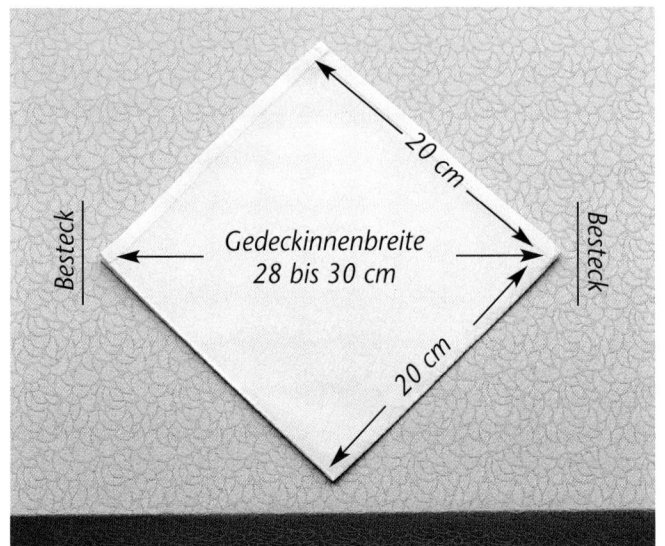

Die diagonal aufgelegte Serviette ist ein guter Anhaltspunkt für die benötigte Innenbreite des Gedecks, also dem Abstand zwischen dem Besteck für den Hauptgang.

Die Besteckteile rechts der Gedeckmitte, ausgerichtet an der Grundlinie.

gegenüber dem Stuhl auf der Tafel aufzulegen. Nachdem die Mitte des Gedecks so fixiert wurde, können – zum bequemeren Eindecken der weiteren Gegenstände wie Bestecke, kleine Teller für Brot, Butter und Gläser – die Stühle ausgedreht werden.

Dazu kippt man den Stuhl ein wenig auf das linke hintere Bein und dreht ihn im 90°-Winkel nach rechts aus. Es entsteht damit eine Lauffläche zum Eindecken direkt an der Tafel. Dieses Ausdrehen ist besonders bei Stühlen mit Armlehnen oder Sesseln zu empfehlen.

Bestecke

Als Nächstes wird das Besteck aufgelegt. Beim Eindecken transportiert man es in einer Handserviette und kontrolliert vor dem Platzieren auf dem Tisch alles nochmals auf Sauberkeit. Das Eindecken geschieht im Uhrzeigersinn. Begonnen wird mit den großen Messern für den Hauptgang. Sie werden auf der rechten Seite neben der rechten Spitze der Serviette bzw. rechts vom Platzteller eingedeckt. Die Zahl der Bestecke auf der rechten Seite ist auf 4 begrenzt. Sie werden alle mit gleichmäßigem Abstand zueinander und zum Platzteller an der Grundlinie platziert.

Weitere Bestecke auf der rechten Seite sind je nach Menü Fischmesser, Mittelmesser sowie Löffel für die Suppe.

Anschließend wird auf der linken Seite die große Gabel wieder an der Grundlinie aufgelegt.

Liegen sich die Gedecke gegenüber, so ist gleich beim Eindecken der großen Gabeln darauf zu achten, dass diese und die gegenüberliegenden Messer jeweils eine Linie bilden. Die Zahl der Bestecke auf der linken Seite ist auf 3 begrenzt. Die 2. Gabel wird deutlich so weit nach oben verschoben, dass die Einbuchtungen der Zinken dieser Gabel mit den Zinkenspitzen der Gabel für den Hauptgang eine Linie bilden.

Die Besteckteile links der Gedeckmitte, ausgerichtet an der Grundlinie (Gabel 1 und 3). Die 2. Gabel ist nach oben verschoben und an der Gabelspitze der 1. Gabel ausgerichtet.

93

Benutzung durch den Gast

Eindecken

Grundsätzlich sollen die Besteckteile links und rechts des Platztellers genau in der Reihenfolge des Menüs von innen nach außen aufgelegt werden. Seitlich von der Serviette bzw. dem Platzteller liegen immer die Besteckteile für den Hauptgang des Menüs. Neben den Bestecken für den Hauptgang werden dann diejenigen platziert, welche für den Menügang erforderlich

Benutzung durch den Gast

Grundlinie

Eindecken

sind, der dem Hauptgang vorausgeht, usw. Die Gäste benutzen während des Essens allerdings die Bestecke nacheinander von außen nach innen.

Das Besteck für die Süßspeise, bestehend aus Mittellöffel und Mittelgabel (auch als Entremets-Besteck bezeichnet), genau übereinander gelegt.

Das Entremets-Besteck auseinander gezogen eingedeckt.

Das Besteck für den Käsegang wird genau übereinander eingedeckt.

Oberhalb der Gedeckmitte wird das Besteck für die Gänge eingedeckt, die dem Hauptgang folgen.

Meistens sind dies die Bestecke für das Dessert oder den Käsegang. Da häufig Unsicherheit darüber besteht, wie die Bestecke oben eingedeckt werden, hier nun 2 Regeln, die man sich leicht merken kann:

1. Das gefährlichere Besteckteil, also die Gabel oder das Messer, liegt immer unten.
2. Die Bestecke werden mit den Griffen in die Richtung platziert, wie sie vor dem Servieren des Menügangs heruntergezogen werden.

Teller für Brot und Butter

Sind links, rechts und oberhalb der Serviette bzw. des Platztellers alle Bestecke für die vorgesehenen Menügänge eingedeckt, wird auf der linken Seite der kleine Teller oder Mittelteller für Brot oder Toast und Butter platziert. Er sollte nicht an der Grundlinie aufgestellt werden, da er sonst später den Handgelenken der an der Tafel sitzenden Gäste im Weg sein könnte. Der Toastteller wird vielmehr so weit nach oben verschoben, dass er entweder an der linken Einbuchtung der Gabel steht oder sein Oberrand mit den Zinkenspitzen der Gabel eine Linie bildet.

Anschließend wird je nach Größe des Tellers das kleine Messer oder das Mittelmesser auf dem rechten Rand des Tellers mit der Schneide nach links aufgelegt. Es sollte so auf dem Teller platziert werden, dass es ihn oben und unten gleichmäßig überragt und die Innenfläche des Tellers zum späteren reibungslosen Vorlegen einer Scheibe Toast freilässt.

Ausrichtung des Tellers für Brot und Butter an der Oberkante der 2. Gabel.

Das Richtglas wird idealerweise im rechten Winkel von Hauptgangmesser und Dessertbesteck eingedeckt.

Die Gläser des Menügedecks in Form einer Linie.

Gläser

Jetzt können die Gläser aufgestellt werden. Beim Eindecken der Gläser sollten diese in einwandfrei poliertem Zustand möglichst auf einem Tablett transportiert werden und zum Einsetzen so wenig wie möglich, d. h. nur am Stiel, angefasst werden.

Die Reihenfolge ist nicht beliebig. Begonnen wird immer mit dem so genannten Richtglas. Dieses ist das Glas für das Getränk zum Hauptgang – in den meisten Fällen ein Rotweinglas – und wird dementsprechend über das große Messer oder Fischmesser für den Hauptgang eingesetzt. Der Mindestabstand des Glases zu diesem Messer sollte 1 cm betragen. Der Idealpunkt der Platzierung liegt genau im rechten Winkel von Hauptgangmesser und Dessertbesteck. Alle weiteren Gläser werden nach diesem Glas ausgerichtet.

Die Gläser des Menügedecks in Form eines Dreiecks.

Die Anordnung der Gläsergruppe auf der rechten Seite des Gedecks richtet sich zunächst auch nach der Art, Menge und Reihenfolge der während des Menüs servierten korrespondierenden Getränke, außerdem aber auch nach dem verfügbaren Platz auf der Tafel. Gebräuchliche Bezeichnungen für Gläsergruppen sind Dreieck, Linie, L-Form oder Raute.

Die Zahl der Gläser ist auf 4 beschränkt. Bei der Verwendung von Gläsern im Menügedeck ist weiterhin zu beachten, dass Becher und Stielgläser in einer Gläsergruppe nicht gemischt angeordnet werden. Außerdem müssen – aus Sicht der Gäste – kleine Gläser nach vorne und große Gläser dahinter gestellt werden.

Das bedeutet, dass Wassergläser, die vermutlich die niedrigsten Trinkgefäße in der Gruppe sein werden, vorne und Schaumweingläser hinten platziert werden.

Die Gläser des Menügedecks in Form einer Raute.

Komplettes Gedeck für ein 5-gängiges Menü mit kalter Vorspeise, Suppe, Fischgang, Hauptgang und Dessert sowie den für die korrespondierenden Weine und Mineralwasser benötigten Gläsern, in L-Form aufgestellt.

Dekoration

Nachdem das Gedeck vervollständigt ist, kann die vorgesehene Tischdekoration aufgestellt werden. Eine Ausnahme vom Zeitpunkt her gesehen bildet hierbei die Verwendung von Tischbändern auf Festtafeln. Diese werden als Erstes, d. h. vor dem Auflegen der Gedecke, auf der Tafel ausgelegt. Die Dekoration, wie Blumengestecke und Kerzenleuchter, ist in der Mitte der Tafel gleichmäßig zu verteilen. Dabei sollte man darauf achten, dass weder ein Blumengesteck noch ein Kerzenleuchter genau in der Mitte zwischen 2 sich gegenübersitzenden Gästen platziert werden. Dies könnte den direkten Blickkontakt der Gäste miteinander stören. Außerdem müssen die vorher gut gewässerten Gestecke äußerst vorsichtig auf die Tafel gestellt werden, damit das Tischtuch nicht verschmutzt wird.

Menagen

Um der Angewohnheit vieler Gäste, grundsätzlich die Speisen nachzuwürzen, zu entsprechen, können noch Salzmenagen als Streuer oder Mühlen verteilt werden. Sie werden in ausreichender Menge und solchem Abstand auf der Tafel verteilt, dass sie später für die Gäste am Tisch bequem erreichbar sind. Hierbei rechnet man eine Menage für 4 Gäste, die sich gegenübersitzen. Weitere Würzmittel werden immer auf einem separaten Servicetisch bereitgehalten und nicht auf der Tafel eingesetzt.

Verzichtet man auf das Eindecken von Aschenbechern auf der Festtafel, muss das Servicepersonal aufmerksam sein, bei Rauchern sofort einen Aschenbecher einsetzen und ihn natürlich auch rechtzeitig, d. h. vor dem Servieren des folgenden Speisengangs, austauschen.

Beispiel für die Platzierung der Dekorationselemente, wie Gestecke und Kerzenleuchter sowie Salzmenagen, auf einer eingedeckten Doppelblocktafel.

Servicetisch

Als Letztes wird ein separater Servicetisch im oder vor dem Bankettraum hergerichtet. Auf diesem werden Bestecke, Teller und Gläser als Reserve und zum Nachdecken sowie weitere Menagen, Aschenbecher, Zahnstocherbehälter, Handservietten, Serviertabletts und Ähnliches bereitgestellt.

Abschlussarbeiten

Sind die Eindeckarbeiten an der Tafel somit abgeschlossen, können die Stühle wieder korrekt an die Tafel zurückgestellt werden. Eine Regel besagt, dass die herunterhängende Tischdecke mit der Vorderkante der Sitzfläche des Stuhls eine Linie bilden sollte.

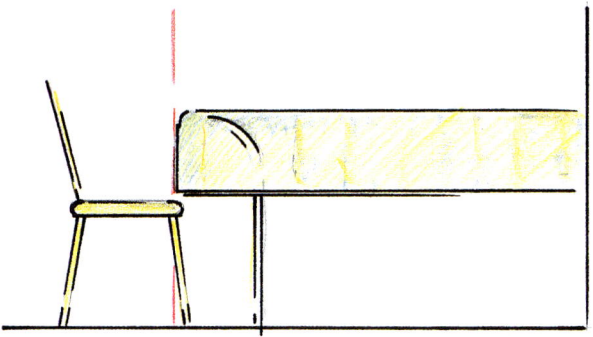

Die Stühle werden zum Schluss an die Tafel angestellt und ausgerichtet.

Nach dem Anstellen der Stühle wird nun die bereits oben erwähnte Kontrolle vorgenommen. Man achtet dabei darauf, dass alle Stühle, aber auch die Gedeckteile, wie z. B. die Servietten, das Dessertbesteck und die Gläser, eine gerade Linie bilden. Dieses Ausrichten ist bei bestimmten Tafelformen wie dem Block oder der U-Tafel für den optimalen Gesamteindruck besonders wichtig.

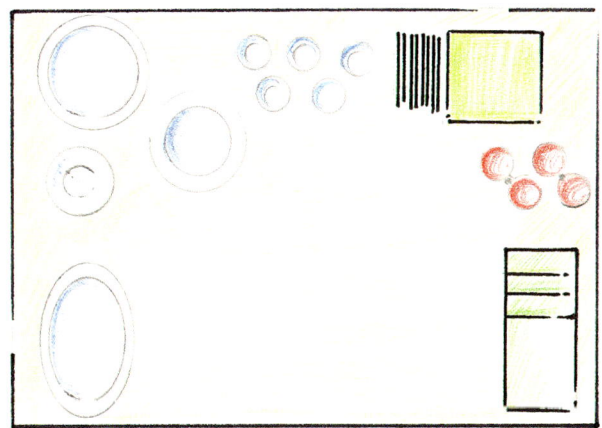

Die Mise en place auf dem Servicetisch muss vollständig sein und alle eventuell benötigten Materialien umfassen. Eine Freifläche zum Abstellen von Tabletts sollte berücksichtigt werden.

99

*Eine akkurat und liebevoll eingedeckte Tafel als Ergebnis
aller Vorbereitungsarbeiten ist nicht nur für den Service ein
Erfolg bei den Bemühungen um die Umsetzung von
gediegener Tisch- und Tafelkultur, auch bei den Gästen ver-
fehlt eine schön eingedeckte Festtafel ihre Wirkung nicht.
Besonders der erste Eindruck beim Betreten des Raums wird
hierdurch entscheidend geprägt.*

Sommerfest
der Paul-Kerschensteiner-Schule
am 25. Juli 2001

Saint -Véran
Domaine de Malatray
Doudet Naudin
* * *

Zander mit Lavendel und Gartenmelisse

Domaine des Planes, rosé
Appellation Côtes de Provence
Ilse Rieder
* * *

Tomatenkraftbrühe mit Quarkklößchen
* * *

Côte Roannaise
Cuvée vieilles vignes
Robert Serol
* * *

Reh mit Orangenthymian zart gegart,
an glasierten Kirschen, dazu Spätzle
* * *

Sommerliche Dessertauswahl
vom Büffet

Gasthof Lamm, Eschenbacher Strasse 1, 73114 Schlat

4

Menüs, Büfetts und Gedecke

Menügestaltung und korrespondierende Getränke

Die Gedecke im Bankettbereich werden hauptsächlich von den während der Veranstaltung angebotenen Speisen und Getränken beeinflusst. Umfangreiche Speisenfolgen sind, geschichtlich betrachtet, bereits aus dem Mittelalter bekannt und – was den Ablauf der Gänge betrifft – bis zur heutigen Zeit gültig.

Das Wort „Menü" wird in unserem Sinn seit dem 18. Jahrhundert gebraucht, und der Ursprung folgt dem lateinischen „minutus", was „verringert", „vermindert", „sehr klein" bedeutet. Ein modernes Menü ist also nichts anderes als – gemessen am Ablauf von mittelalterlichen Gastmählern – ein stark verkleinertes und verfeinertes Menü für einen bestimmten Gästekreis.

Die Gänge eines Menüs nach den klassischen Regeln der Speisenfolge:

- kalte Vorspeise
- Suppe
- warme Vorspeise
- Fischgericht
- Hauptgericht (Fleisch)
- warmes Zwischengericht
- gefrorenes Getränk (Sorbet)
- Bratengang
- Gemüsegericht
- warme Süßspeise
- kalte Süßspeise
- Käsegericht
- Nachtisch
- Mokka

Menüs mit allen Gängen dieser klassischen Abfolge werden heutzutage nicht mehr angeboten.

Als Planungsgrundlage für die Aneinanderreihung der Gänge eines Menüs hat dieses Schema jedoch weiterhin seine Gültigkeit.

Darüber hinaus existieren umfangreiche fachliche Regeln und Gesichtspunkte, die bei der Zusammenstellung einer Speisenfolge zu beachten sind.

Das Menü sollte dem Anlass entsprechen und die jeweilige Saison berücksichtigen.

Der Umfang und der Sättigungsgrad des gesamten Menüs ist sowohl der Jahreszeit anzupassen als auch je nach Gästekreis zusammenzustellen.

Wiederholungen in Farben, Rohstoffen und Zubereitungsarten sind nach Möglichkeit zu vermeiden.

Die Bestandteile eines Gangs oder eines Gerichts werden auf der Menükarte in der folgenden Reihenfolge genannt:

- Hauptrohstoff, eventuell mit besonderer Zubereitungsart
- Garnitur
- Sauce
- Gemüse
- Pilze
- Kartoffeln
- Teigwaren
- Reis
- Salat
- kalte Beilagen

Beispiel für die Schreibweise und logische Gliederung eines Hauptgangs im Menü:

> **Gespickter Rehrücken nach Weidmannsart, Wacholderrahmsauce, Rosenkohl, Steinpilze, Kartoffelkroketten, Selleriesalat, Preiselbeeren**

Da auf der Speise- bzw. Menükarte allzu häufige **Kommasetzungen** unfein wirken, werden deshalb zumindest die Beifügungen vorangestellt, also nicht „Rehrücken, gebraten", sondern „gebratener Rehrücken".

Binde- und Verhältniswörter, wie z. B. mit, und, dazu, sollten nur dann verwendet werden, wenn es zum besseren Verständnis der Anrichteweise unumgänglich ist. Modische Schnörkel wie „an" (z. B. pochierter Lachs *an* Sauerampfersauce) entbehren jeder grammatikalischen Grundlage und sind zu vermeiden. Ein Gericht wird immer **mit** einer Sauce gereicht.

Abkürzungen wirken gleichgültig und unhöflich gegenüber den Gästen und können bei einer überlegten Platzeinteilung vermieden werden (z. B. Schwäb. Rostbraten mit gem. Salat).

Verkleinerungsformen sollten nur dort verwendet werden, wo sie sprachlich und sachlich richtig sind, z. B. Törtchen, aber nicht Nüdelchen.

Auch der **Zusatz „frisch"** muss mit Überlegung verwendet werden. Nicht „frische Artischockensuppe", sondern „Rahmsuppe aus frischen Artischocken".

Sprachliche Übertreibungen sind überflüssig und sollten vermieden werden. Nicht „Edellachs", sondern nur „Lachs" (Lachs ist ein Edelfisch).

Bindestriche sind hauptsächlich bei zusammengesetzten Wörtern bzw. Namen von Personen angebracht, z. B. Fürst-Pückler-Eis. Was ohne Beeinträchtigung der Übersichtlichkeit zusammengeschrieben werden kann, darf nicht durch einen Bindestrich getrennt werden. Bei der Verwendung von Garniturbezeichnungen werden diese grundsätzlich erklärt. Klassische Garniturbezeichnungen sind damit zwar nicht ausgeschlossen, müssen aber auf jeden Fall den fachlich vorgeschriebenen Speisenzusammenstellungen folgen. Sie werden auf der Karte nicht in Anführungszeichen gesetzt und

höchstens durch Großbuchstaben hervorgehoben. Nicht „Pfirsich Melba", sondern Pfirsich Melba.

Phantasienamen kann man in Anführungszeichen setzen (z. B. Hochzeitseisbombe „Ute und Steffen"). Da der Gast eine Menükarte ohne Dolmetscher oder Lexikon lesen können sollte, sind möglichst deutsche Ausdrücke zu verwenden, und ein Sprachgemisch ist zu vermeiden. Nicht „Consommé", sondern „Kraftbrühe". Als Ausnahmen werden nur eingedeutschte Begriffe, wie z. B. Sauce, Toast, Rumpsteak, Pommes frites oder Creme, nicht übersetzt.

Werden Menükarten in **Fremdsprachen** abgefasst, oder enthalten sie fremdsprachliche Ausdrücke, so ist der Rechtschreibung der jeweiligen Sprache zu folgen.

An Stelle des **französischen „à la"** ist das deutsche Verhältniswort „nach ... Art" oder „auf ... Art" zu verwenden. Zusammengesetzte Hauptwörter werden dabei zusammengeschrieben, z. B. nach Müllerinart.

Geografische Bezeichnungen, die auf -er enden, werden getrennt und großgeschrieben, z. B. auf Schweizer Art. Endet die geografische Bezeichnung auf -isch, ist Kleinschreibung anzuwenden, z. B. nach französischer Art. Vorsicht ist bei geografischen Attributen geboten, wenn dadurch die Herkunft bzw. die Qualität der verwendeten Waren bestimmt werden, z. B. Helgoländer Hummer.

Bei der Zusammenstellung von Menüs für Veranstaltungen sind außer den bereits erwähnten Regeln für die Schreibweise auch ernährungsphysiologische Grundsätze zu berücksichtigen.
Menüs sollten ein ausgewogenes Verhältnis von Eiweiß, Fetten, Kohlenhydraten sowie Ballaststoffen aufweisen, vitamin- und mineralstoffreich sein und damit dem verringerten Energiebedarf des heutigen Menschen Rechnung tragen.
Die Saison und das Marktangebot sollten bei der Menüplanung mit einbezogen werden, da die zu verwendenden Rohstoffe zur Erntezeit besonders frisch, saftig und wohlschmeckend, hochwertig in Bezug auf Nähr- und Wirkstoffe sowie preisgünstig sind.
Das wichtigste Gericht im Rahmen einer Speisenfolge ist der Hauptgang. Er wird als Erstes geplant und bildet den Höhepunkt des Menüs. Alle Gänge davor müssen sich in Qualität der Speisen und Rohstoffe ergänzen und zum Hauptgang hin steigern.

Korrespondierende Getränke

Die Getränke – hauptsächlich verschiedene Weine und Schaumweine –, die zu einer Speisenfolge serviert werden, bezeichnet man fachlich als korrespondierende Getränke. Sie müssen demnach so ausgewählt werden, dass sie in einer harmonischen Ergänzung und Beziehung zu den Menügängen stehen und dazu passen. Der alten Regel „Die Speise soll der Herr und das Getränk der Diener sein" folgend, beeinflusst die Zusammensetzung und Charakteristik des Menügangs die Bestimmung des dazu passenden Getränks. Dabei sind die einzelnen Komponenten eines Gerichts in der folgenden Reihenfolge zu berücksichtigen:

• die Zubereitungsart, wie z. B. pochiert oder gebraten

• der Hauptrohstoff, wie z. B. Fisch, helles oder dunkles Fleisch

• die Sauce (durch die Verwendung von geschmacksintensiven Kräutern und Gewürzen sowie auch durch die Herstellung auf Weinbasis muss sie bei der Weinauswahl besonders berücksichtigt werden)

• die Beilagen, wie z. B. Gemüse und Sättigungsbeilagen

Nachfolgend die wichtigsten allgemeinen Grundregeln für die Zusammenstellung von Speisen und Weinen unter Berücksichtigung der wesentlichen Weinattribute.

Alkoholgehalt, Aromafülle und Weinart:

• Ohne Farbgebung gegartes helles Fleisch oder Fisch
  ⇨ leichte Weißweine

• Mit Farbgebung gegartes helles Fleisch oder Fisch
  ⇨ leichte bis mittelschwere Weiß- und Roséweine sowie leichte Rotweine

• Mit Farbgebung gegartes dunkles Fleisch oder Fisch
  ⇨ mittelschwere bis schwere Rotweine

• Mild gewürzte Speisen
  ⇨ leichte Weiß- und Roséweine

• Stark gewürzte Speisen
  ⇨ mittelschwere bis schwere Weiß-, Rosé- und Rotweine

Geschmacksrichtung und Rebsorten:

• Zu Vorspeisen, Zwischengerichten (vor allem Fisch und Krustentieren) und teilweise zu Hauptgängen
  ⇨ trockene bis halbtrockene Weißweine, wie z. B. Weißburgunder, Riesling, Silvaner, Chardonnay oder Sauvignon Blanc

• Zu Salatvorspeisen mit Essiganteil (Säure!) im Dressing
  ⇨ trockene, kräftige Weine mit geringer Säure, wie z. B. Grauburgunder

---

Merke: Säure und Säure addieren sich!

• Zu Suppen und Sorbets
  ⇨ im Allgemeinen keine separaten korrespondierenden Getränke

• Zu Hauptgerichten vom Schlachtfleisch (Kalb, Rind, Lamm und Schwein)
  ⇨ trockene bis halbtrockene Rosé- und Rotweine, wie z. B. Spätburgunder, Schwarzriesling oder Portugieser

• Zu Hauptgängen vom Wild
  ⇨ trockene, gehaltvolle Rotweine, wie z. B. Spätburgunder oder Lemberger

• Zu Desserts und Süßspeisen
  ⇨ liebliche Weißweine hoher Prädikatsstufen (Auslese, Beerenauslese usw.), wie z. B. Muskateller, Ruländer oder Gewürztraminer

---

Merke: Süße und Süße heben sich auf!

Werden mehrere Weine nacheinander zu einem Menü gereicht, so muss sich auch bei der Aufeinanderfolge der Weine eine Steigerung ergeben und die Geschmacksfülle stufenweise zunehmen. Aus diesem Grundsatz sind die folgenden Regeln abgeleitet:

Man serviert ...

... Weine vor Schaumweinen

... Weißweine vor Rosé- oder Rotweinen

... junge Weine vor älteren, reiferen Weinen

... leichte Weine vor schweren Weinen

... trockene Weine vor halbtrockenen oder lieblichen Weinen

... einfache Weine vor besseren Weinen höherer Qualitätsstufen

Sonstige Getränke beim Bankett

Bei den meisten Veranstaltungen wird vor dem Beginn des Essens ein Aperitif, häufig in Form eines Stehempfangs, gereicht. Die Angebotspalette ist vielfältig und reicht bei alkoholischen Getränken von Klassikern, wie Sherry, bis zum Martini Cocktail. Sie sollten trocken im Geschmack sein und damit den Appetit für das bevorstehende Essen anregen.

Im Einzelnen kommen beispielsweise in Frage:

- Bitteraperitifs mit Soda oder Orangensaft
- Anisaperitifs mit Eiswasser
- Trockener und halbtrockener Sherry sowie trockener Portwein
- Weißer, roter und trockener Wermut
- Gin und Wodka jeweils mit Tonic oder Bitter Lemon
- Whiskys, pur, mit Wasser oder Soda
- Schaumweine (Sekt, Champagner) und Prosecco, pur, mit Fruchtsäften oder mit Sirupen bzw. Likören aromatisiert
- Cocktails und Mixdrinks

Wird zum Aperitifempfang eine Open-Bar aufgebaut, so bedeutet dies, dass alle Drinks nach Wunsch der Gäste auf einem separaten Tisch im Empfangsraum frisch zubereitet bzw. gemixt werden.

Nach dem Essen ist es bei den meisten Banketten üblich, verschiedene Kaffeespezialitäten wie Mokka, Espresso, Café crème (der auch als Schümli bezeichnet wird), Cappuccino und Tee anzubieten. Zu diesen Heißgetränken können Feingebäck und kleine Pralinen gereicht werden.

Alkoholische Getränke nach dem Essen und zum Kaffee bezeichnet man als Digestif. Es handelt sich bei dieser Getränkegruppe hauptsächlich um Spirituosen und Liköre, die durch den meist hohen Alkoholgehalt eine verdauungsfördernde Wirkung erzielen sollen.

Beispiele hierfür sind

- Magenbitter
- Weinbrand, Cognac, Armagnac
- Obstbrände (Calvados, Williamsbirne, Kirschwasser)
- Tresterbrände (Grappa, Marc)
- Eisgekühlte Schnäpse (Aquavit, Korn, Wodka)
- Liköre und Sahneliköre
- Süße Süd- und Dessertweine (Portwein, Tokayer)

Das einfache Menügedeck

Rahmsuppe
von frischen Steinchampignons

Rinderrückensteak mit Pfeffersauce
Grüne Bohnen im Speckmantel
und Kartoffelgratin

Zitronen-Joghurt-Creme
mit frischen Früchten

Das erweiterte Menügedeck

Oberbergener Bassgeige
Grauburgunder Kabinett trocken
Weingut Franz Keller, Oberbergen

Rehpastete mit Cumberlandsauce

Badische Grünkernsuppe

Auggener Schäf
Spätburgunder Rosé
Kabinett trocken
Winzergenossenschaft Auggen

Barbarie-Entenbrust mit Orangensauce
Feine Gemüse und Sahnekartoffeln

Tannenhonig-Halbgefrorenes
mit frischer Ananas

Festgedeck mit Cocktailvorspeise

Markelsheimer Probstberg
Silvaner Kabinett trocken
Winzergenossenschaft Markelsheim

Spargelcocktail Vinaigrette
Toast und Butter

Samtsuppe von frischen Artischocken

Kleinbottwarer Lichtenberg
Riesling Kabinett trocken
Weingut Graf Adelmann
Kleinbottwar

Pochierte Lachsschnitte
mit Sauerampfersauce und Wildreis

Ihringer Winklerberg
Spätburgunder Weißherbst
Spätlese trocken
Weingut Dr. Heger, Ihringen

Kalbsmedaillons
in Morchelrahmsauce
Blattspinat und Macairekartoffeln

Grand-Marnier-Creme
mit frischen Erdbeeren

Festgedeck mit Gourmetlöffel

Burkheimer Feuerberg
Rivaner Kabinett trocken
Weingut Bercher, Burkheim

Terrine vom Räucheraal
mit bunten Sommersalaten
Stangenweißbrot und Butter

Geeiste Geflügelkraftbrühe
auf Madrider Art

Verrenberger Verrenberg
Schillerwein Kabinett trocken
Weingut Fürst zu Hohenlohe-Öhringen

Gedünstete Pfifferlinge in Sahnesauce
mit grünen Nudeln

Kleinbottwarer Oberer Berg
Spätburgunder Rotwein Spätlese trocken
Weingut Graf Adelmann, Kleinbottwar

Filet Wellington mit Béarner Sauce
Gemüseauswahl
und Herzoginkartoffeln

Käseauswahl

Festgedeck für ein 6-Gänge-Menü

Laufener Altenberg
Grauer Burgunder Kabinett trocken
Winzergenossenschaft Laufen

Carpaccio von geräucherter Gänsebrust
mit Steinpilzpesto
und Feldsalat in Himbeerdressing

Kürbisrahmsuppe mit Croûtons

Chardonnay trocken
Tafelwein HADES
Weingut Fürst zu Hohenlohe-Öhringen

Steinbutt und Jakobsmuscheln
mit Zitronengrassauce
und Gemüsereis

Brüsseler Spitze
Kleinbottwarer Lemberger Spätlese trocken
Weingut Graf Adelmann, Kleinbottwar

Gebratenes Wildhasenfilet
mit Lembergersauce
Quittenrotkraut und Serviettenknödel

Untertürkheimer Herzogenberg
Riesling Beerenauslese
Weingut Wöhrwag
Stuttgart-Untertürkheim

Bananen-Amaretto-Soufflee

Gorgonzola mit Feigen-Senf-Sauce

Festgedeck mit Spezialbesteck

Ihringer Winklerberg
Chardonnay Kabinett trocken
Winzergenossenschaft Ihringen am Kaiserstuhl

3 fine de claires Austern mit Chesterbrot

Legierte Kräuterrahmsuppe

Seezungenröllchen Nantua mit Krebsschwänzen
und Blätterteighalbmonden

Auggener Schäf
Spätburgunder Spätlese trocken
Winzergenossenschaft Auggen

Rosa gebratenes Roastbeef mit Burgundersauce
Schwarzwurzelgemüse und Nusskartoffeln

Pochierte Rotweinbirne auf Zitroneneis
mit heißer Hagebuttensauce

118

Festgedeck mit Spezialbesteck

Jechtinger Steingrube
Weißer Burgunder Kabinett trocken
Weingut Bercher, Burkheim

Halber Hummer
mit Safranmayonnaise
Melbatoast und Butter

Rinderkraftbrühe
mit Pistazienklößchen

Gündelbacher Steinbachhof
Lemberger Weißherbst Kabinett trocken
Hofkammerkellerei, Ludwigsburg

Perlhuhnbrust mit Steinpilzrahm
Zuckerschoten und Pilawreis

Vanilleeis mit heißen Schattenmorellen

Gedeck für ein Wein-Degustationsmenü

Die Veranstaltungen, die auch als „dîners œnologiques" (von franz. = Abendessen, den Wein betreffend) bezeichnet werden, sind eine Besonderheit im Bankettbereich. Zu einem auserlesenen Menü werden zu jedem Speisengang, also – entgegen der fachlichen Regel – auch zur Suppe, 2 bis 3 korrespondierende Weine gleichzeitig serviert. Diese werden von der Sommelière bzw. dem Sommelier (von franz. = Kellermeister, Weinkellner) des Hauses sensorisch beschrieben und von den Gästen zum jeweiligen Menügang begleitend und vergleichend verkostet.

Da diese Veranstaltungen fast schon den Charakter einer Weinprobe mit Essen haben, dürfen im Gedeck mehr als 4 Gläser platziert werden und auf der Tafel Gefäße zum Ausgießen der Weine eingesetzt werden. (Das Menü finden Sie auf Seite 124.)

Wein-Degustationsmenü

Kiechlinsberger Teufelsburg
Weißer Burgunder
Qualitätswein trocken
Winzergenossenschaft Kiechlinsbergen
und
Blankenhornsberger
Silvaner Spätlese trocken
Staatsweingut Freiburg & Blankenhornsberg

Gebratene Wachtelbrust
mit einem Mosaik von sautierten Kartoffelwürfeln,
marinierten Champignons und Feldsalatröschen

Ehrenstetter Ölberg Chasslie
Qualitätswein trocken
Winzergenossenschaft Ehrenstetten
und
Riesling „SL"
Qualitätswein trocken
Weingut Schloss Ortenberg

Bachkrebse im eigenen Sud

Durbacher Plauelrain
Riesling „SL" Spätlese trocken
Weingut Andreas Laible, Durbach
und
Tiengener Rebtal
Weißer Burgunder
Qualitätswein trocken
Badischer Winzerkeller, Breisach

Zanderfilet mit Weißweinsauce
Blattspinat und Petersilienwurzelpüree

Königschaffhauser Steingrüble
Spätburgunder Rotwein (Barrique)
Spätlese trocken
Winzergenossenschaft Königschaffhausen
und
Sasbachwaldener Alde Gott
Spätburgunder Rotwein
Auslese trocken
Alde Gott Winzergenossenschaft Sasbachwalden

Gebratener Rehrücken mit Hagebuttensauce,
Rosenkohl und Haselnuss-Spätzle

Wasenweiler Lotberg
Müller-Thurgau Beerenauslese
Winzergenossenschaft Wasenweiler
und
Oberbergener Bassgeige
Muskateller Beerenauslese
Winzergenossenschaft Oberbergen

Lebkuchenpyramide mit Mostapfelkompott
und Karamelleis

Gedeck für ein kalt-
warmes Büfett

Der Umfang des Gedecks wird auf das Speisenangebot
auf dem Büfett abgestimmt. Daher sollten mindestens
die Bestecke für Vorspeisen, Hauptgerichte und Desserts
sowie ein Teller mit aufgelegtem Messer für Brot und
Butter vorhanden sein. Die Löffel für Suppen und die
Bestecke für den Käse können auf dem Büfett bereitgehalten werden, da sich erfahrungsgemäß nicht alle
Gäste bei diesen Speisen bedienen. Als Getränke werden
bei Büfetts außer Mineralwasser meistens 2 bis 3 verschiedene Weine zur Wahl gereicht, was das Eindecken
aller entsprechenden Gläser erforderlich macht.

Gedeck für ein Brunchbüfett

Das Gedeck für das Brunchbüfett entspricht im Wesentlichen dem Kuvert für ein kalt-warmes Büfett. Es wird nur ein Wasserglas als Universalglas für verschiedene Getränke sowie auf der rechten Seite eine Untertasse mit aufgelegtem Tropfdeckchen und Kaffeelöffel eingedeckt. Der Griff des Löffels liegt in einem 45°-Winkel zur Tischkante auf der Untertasse. Die vorgewärmte Getränketasse wird dem Gast erst mit dem Heißgetränk eingesetzt, der Henkel ist dabei parallel zum Kaffeelöffel zu platzieren. Der Teller auf der linken Seite des Gedecks für Brötchen, Butter, Konfitüre usw. sollte kein kleiner, sondern ein Mittelteller sein, damit diese Speisen ausreichend Platz darauf finden.

5

Dekorationen, Tisch- und Tafelkultur

Blumendekorationen

Geschmackvoll arrangierte Blumen sind im Veranstaltungsbereich eine der wichtigsten Komponenten der Gesamtdekoration für Festbankette. Sie sind neben den akkurat eingedeckten Kuverts der Blickfang einer Festtafel und geben dieser den besonderen Charakter.

Folgende Regeln sind dabei zu beachten:
Man sollte grundsätzlich nur Schnittblumen und frisches Grün in wasserdichten Gefäßen verwenden; Kunstblumen und Pflanzen in Töpfen sind, da sie längere Zeit verwendet werden, Staub- und Bakterienträger und damit für die Tischdekoration eher ungeeignet.
Die Blumenarrangements sind in Farbe, Form und Größe aufeinander bzw. auf die Festtafel abzustimmen. Blumengestecke sollten dem Anlass und der Jahreszeit entsprechen, technisch gut gearbeitet und standsicher sein.
Die Größe der Blumengestecke darf die Sicht zum gegenübersitzenden Gast nicht beeinträchtigen.
Blumen- und Pflanzenranken sollten nicht mit den Gedeckteilen, wie z. B. mit Tellern oder Gläsern, in Berührung kommen und so gesteckt sein, dass nichts Färbendes auf die Tischdecke kommen kann.
Blumen, die stark duften und übermäßig Blütenstaub abgeben, sind nicht geeignet.
Die Gestecke sollten zur Erhaltung der Frische nachts in einem kühlen Raum aufbewahrt und täglich mit frischem Wasser versorgt werden.

Das Anschneiden von Blumen hat grundsätzlich mit einem scharfen Messer zu erfolgen. Die Verwendung einer Schere für diese Arbeit führt zum Quetschen der Leitgefäße der Blumen, die dadurch kein Wasser mehr aufnehmen können.

Werden Blumen ohne die Verwendung von Vasen oder Steckschalen beispielsweise in Tischkränzen eingearbeitet, müssen zur Erhaltung der Frische der Blumen kleine Kunststoffhülsen, die mit Wasser gefüllt und mit einem Gummideckel verschlossen sind, benutzt werden. In den Deckel der Hülse wird ein Schnitt gemacht und der Blütenstängel hineingesteckt. Damit der Behälter mit dem Wasser im Kranz nicht zu sehen ist, kann man ihn mit Blättern umwickeln und diese mit dünnem Draht fixieren.

Blumen in Gestecken

Auch für diese festlichste Prägung der Blumendekoration sind geeignete Schalen, meist aus Glas, in einer Art zu wählen, die der Tafelform angepasst ist. Für runde Tische oder quadratische Doppelblocktische sind entsprechende Schalen erforderlich. Zum Dekorieren der meisten anderen Tischformen, wie z. B. U- und E-Tafeln, eignen sich hauptsächlich rechteckige Schalen. Außerdem werden hinsichtlich der Gestaltung von Blumengestecken symmetrische und asymmetrische Gestecke unterschieden. Bei den symmetrischen Gestecken werden die Elemente seitengleich angeordnet, und sie können dadurch von allen Seiten gleich betrachtet werden. Sie wirken auf den Betrachter ruhig und klar.

Aufbau eines symmetrischen Gestecks

Als Erstes werden die folgenden Gegenstände und Werkzeuge vorbereitet: die vorgesehene Schale, gut gewässerte Steckmasse, ein Blumenmesser sowie eventuell Blumendraht, Bast, Bänder und weitere gewünschte Dekorationsmaterialien.

Zugeschnittene Steckmasse in der Schale fixieren.

Zunächst wird die Steckmasse der Schalenform entsprechend zugeschnitten. Da die Steckmasse sehr weich ist, kann man auch die Schale in die Masse hineindrücken und auf diese Weise fixieren. Damit die Zweige und Blumen seitlich auch waagerecht angeordnet werden können, sollte die Masse 1 bis 2 cm höher als der Rand der Steckschale sein. Die Kanten werden schräg zugeschnitten, damit nichts übersteht.

Mit den ersten Blättern und Zweigen wird die gewünschte Form des Gestecks, also die Höhe, Länge und Breite, festgelegt. Die Steckmasse wird dann fächerförmig und locker (es muss Platz für Blütenstiele gelassen werden) mit fülligem Grün abgedeckt. Dabei sollte eine Höhe von etwa 25 cm nicht überschritten werden. Die großen Blüten werden entsprechend der Fächerform des Grüns dazugesteckt und können verschiedene Längen aufweisen, um damit eine gestaffelte Anordnung und leichte Gruppierung der Blüten zu erreichen. Die filigranen Blüten werden locker dazwischengesteckt. Weiche Stiele dürfen nicht zusammengedrückt werden, weil die Blume dann kein Wasser mehr aufnehmen kann. Um dies zu verhindern, bohrt man mit einem Holzstäbchen ein Loch vor, bevor der Stängel hineingesteckt wird. Das Steckmoos sollte zum Schluss nicht mehr sichtbar sein. Entweder versteckt man es unter den Pflanzen oder bedeckt es mit einer dünnen Schicht echtem Moos.

Die so fertig gestellten Gestecke können zur besseren Haltbarkeit anschließend mit Wasser aufgefüllt und besprüht an einem kühlen Ort aufbewahrt werden.

Die Form des Gestecks, also Höhe, Länge und Breite, wird mit den ersten Blättern und Zweigen festgelegt.

Die großen und filigranen Blüten vervollständigen das Gesteck.

Aufbau eines asymmetrischen Gestecks

Die asymmetrischen Gestecke, die hauptsächlich als Raumdekorationen verwendet werden, unterscheiden sich vor allem im Aufbau und in der Form von den symmetrischen. Ein solches Gesteck gliedert sich in die 3 Formelemente Hauptgruppe (z. B. ein hohes Blütenelement), Gegengruppe (ein flaches und ausladendes Blütenelement) und die Nebengruppe (ein kleineres Element aus Blüten, Zweigen und Blättern). Diese Gestecke wirken durch den unregelmäßigen Aufbau lebendig und abwechslungsreich und haben wesentlich mehr Bewegung im Umriss. Sie finden bei der Büfett- oder als Raumdekoration ihre Verwendung.

Blumen in Vasen

Die Verwendung von Tischvasen ist im Bankettbereich eher selten. Die Vasen sollten vom Material her, beispielsweise aus Glas, Porzellan oder Keramik, zur übrigen Tischausstattung passen. Nach dem Anschneiden der Blumen werden die Blätter so weit von den Stielen entfernt, dass sie mit dem Blumenwasser nicht in Berührung kommen, da sie sonst faulen würden. Sowohl die Blumen wie auch Gräser, Rispen und Zweige werden verschieden lang abgeschnitten und von der Höhe her gestuft in der Vase angeordnet.

Das Größenverhältnis zwischen Vase und herausragenden Blumen sollte etwa 1:1 bis höchstens 1:2 sein.

Die niedrigsten Zweige und Blätter sollten eine Verbindung zum Vasenrand herstellen. Eine moderne Variante der Vasendekoration bildet heutzutage die Verwendung von sehr großen Glasvasen, deren Rand sich nach oben hin kelchförmig öffnet. Sie haben im unteren Bereich eine sehr schlanke Form und werden mit Blumen und Zweigen befüllt, die zum Teil bis zur Mitte der Vase nach unten hängen. Diese besonders hohen Blumenarrangements werden hauptsächlich auf großen, runden Banketttischen als Dekoration eingesetzt. Der Sichtkontakt einander gegenübersitzender Gäste wird dennoch nicht behindert, da sich die Blumendekoration über der Sichthöhe der Gäste befindet.

Jahreszeitliche Dekorationen

Die Tischdekoration sollte Elemente aus der gegenwärtigen Jahreszeit enthalten und farblich auf die jeweilige Saison abgestimmt sein, wobei aktuelle Modefarben berücksichtigt werden können.

Frühling

Passende Farben:
Gelb, Grün, Cremeweiß, Orange, Hellblau, Pink, Lila, Burgunder

Geeignete Blumen und Pflanzen:
Tulpen, Narzissen, Märzenbecher, Iris, Maiglöckchen, Lilie, Pfingstrosen, Forsythien, Kirsch- und Mandelzweige, Anemonen, Freesien, Flieder, Primeln, Hyazinthen, Traubenhyazinthen, Vergissmeinnicht, Bellis, Stiefmütterchen, Ginster, Schneeball, Spirea, Zweige der Heidelbeere, Weidekätzchen, Birkenzweige, Korkenzieherhasel

Sonstige Gegenstände und Materialien:
Marienkäfer, Maikäfer, Schmetterlinge, Bänder in hellen Farben, Chiffon, Tüll, Federn, kleine Blumenzwiebeln

Ein rundes Gesteck, das mit Efeu und Blättern der Elfenblume ausgefüllt ist. Gesteckt wird mit Rosen, Ranunkeln, Rhododendronblüten, Margeriten, Stiefmütterchenblüten, Schneeball, Frauenmantel, Holunderblüten und Ranken des Asparagus „asparagoides".

Sommer

Passende Farben:
Rot, Gelb, Orange, Blau, Weiß, verschiedene Grüntöne

Geeignete Blumen und Pflanzen:
Klatschmohn, Kornblumen, Iris, Sonnenblumen, Rosen, Löwenmäulchen, Sommeraster, Margeriten, Ginster, Zinnien, Enzian, Rittersporn, Wicken, Ranken mit Brombeeren, Thymian, Rosmarin, Lavendel und Minze

Sonstige Gegenstände und Materialien:
Äpfel, Zitronen, Windlichter, Laternen, Schalen, gefüllt mit Wasser und Schwimmkerzen oder mit Sand, Holzfiguren, z. B. Sonne, Sonnenschirm und Liegestuhl

Lavendel mit Rosmarinzweigen, Zitronen mit Olivenzweigen und Thymiankränzchen in verschieden hohen Glasvasen.

Herbst

Passende Farben:
Gelb, Orange, Rotbraun, Grün, Brauntöne, Aubergine und Erikafarben

Geeignete Blumen und Pflanzen:
Sonnenblumen, Astern, Rosen, Weide, Korkenzieherhasel, Erika, Stiefmütterchen, Chrysanthemen, Gerbera, Mispel, Goldrute, Sonnenhut, Lampionblume, Sedum, Lavendel, Hortensien, Artischocken, Ranken von Efeu, Clematis und Hopfen

Sonstige Gegenstände und Materialien:
Kastanien, (Zier-)Kürbisse, Ahornblätter, Hagebutten, Brombeeren, Weinblätter, Weintrauben, Maiskolben, Ähren, Ranken, Stroh, kleine Äpfel, Papierdrachen, Papierlaternen, kleine Gläser mit Teelichtern

Locker gewundene Ranke aus Efeu, Hagebutten, Eschebeeren, goldenen Ähren und aus an Golddraht gefädelten roten Ahornblättern. Dazu gruppiert in Gold besprühte Tontöpfe (mit Folie ausgelegt und mit Steckmasse gefüllt), die mit Rosen und Chrysanthemen gesteckt wurden, sowie Kürbisse, Hagebutten und Ahornblätter.

Winter

Passende Farben:
Rot, Grün, Gold, Silber, Weiß, dunkle Rot- und Brauntöne, Dunkelblau

Geeignete Blumen und Pflanzen:
Tannenzweige, Weihnachtssternblüten, Weide, Zweige
mit Ligusterbeeren, Schneebeere, Eukalyptus, Frucht-
stände der Silberlinge, Korkenzieherhasel, Christrosen,
Rosen, Ilex, Sanddorn, Amaryllis, Mahonie, Koniferen

Sonstige Gegenstände und Materialien:
Tannenzapfen, Nüsse, Äpfel, Kugeln, Mandarinen, Oran-
gen, Hagebutten, Sternanis, Zimtstangen, Nelken,
Sterne, Schneemann, Schlitten, Nussknackermännchen,
Samt, Düfte, in flüssiges Wachs getauchte Äpfel und
offene Rosen

*Rote Rosen werden in verschiedenen Höhen in Silber
besprühte Tontöpfe, die mit Wacholder abgedeckt sind,
gesteckt. Die „Schneebälle" (mit Silberhaar umwickelte
Styroporkugeln) werden teilweise hochgesteckt oder dazu-
gelegt. Damit die Rosen frostig aussehen, werden sie mit
Eiweiß bestrichen und mit $^1/_3$ Puderzucker und $^2/_3$ Zucker
bestreut.*

Anlassbezogene Dekorationen

Bei allgemeinen Anlässen werden die verschiedenen symbolhaften Gegenstände in die Dekoration integriert und die jeweils üblichen Farben verwendet. Personenbezogene Anlässe erfordern hinsichtlich des Tischschmucks die Berücksichtigung der Wünsche und Vorlieben der Ehrengäste.

Ostern

Passende Farben:
Gelb, Grün, Weiß, Orange, Aprikot, helle Blau- und Violetttöne

Geeignete Blumen und Pflanzen:
Osterglocken, Kätzchen, Forsythien, Weide, Primeln, Vergissmeinnicht, Bellis, Tulpen, Narzissen, Ranunkeln, Freesien, Stiefmütterchen, Spirea, Veilchen, Hyazinthen, Traubenhyazinthen

Sonstige Gegenstände und Materialien:
Eier von Wachteln, Hühnern und Gänsen, Nester aus Weide oder Birke, Hasen, Osterlamm, Bänder, Federn, Moos

Äste der biegsamen Weide und der Birke werden zu einem Kranz gewunden. Glasröhrchen sind mit Tulpenblättern umwickelt, die Tulpen werden hineingesteckt und in den Kranz gelegt. Wachteleier stellen zusätzlich den Bezug zu Ostern her.

Advent, Weihnachten

Passende Farben:
Rot, Bordeauxrot, Orange, Grün, Gold, dunkle Rot- und Brauntöne, Dunkelblau, Grau in unterschiedlichen Abstufungen, Altsilber und Cremefarben

Geeignete Blumen und Pflanzen:
Tannenzweige, Weihnachtsstern, Weide, Korkenzieherhasel, Kiefer, Zieräpfel, Weihnachtskaktus, Mistel, Stechpalme, Mispel, Amaryllis, Orchideen, Ilexbeeren, Christrosen, Eukalyptus, Efeu, Koniferen

Sonstige Gegenstände und Materialien:
Tannenzapfen, Nüsse, Äpfel, Granatäpfel, Datteln, Mandarinen, Orangen, Zimtstangen, Nelken, Lebkuchen, Spekulatius, Sterne, Kugeln, Geschenkpäckchen, Schleifen, Seide, Samt, Schnee-, Silber-, Goldspray, Ornamente, Kerzen

Ein mit Frischblumensteckmasse gefüllter Kunststoffreif wird mit Efeu und Wacholder vorgesteckt. Dazu kommen Rosen, Ornithogalum, Kugeln, Zimtstangen, Zapfen und Sterne.

Silvester

Passende Farben:
Silber, Dunkelblau, Rot, Schwarz, knallige Farben

Geeignete Blumen und Pflanzen:
Veilchen, Anemonen, Freesien, Lilie, Glücksklee, Korkenzieherhasel

Sonstige Gegenstände und Materialien:
Bänder, Mond, Sterne, Silberdraht, Silberspray, Jahres-
zahlen, Glitzer, Luftschlangen, Girlanden, Konfetti,
Glückssymbole wie Schweinchen, Schornsteinfeger,
Cents, Glücksklee

*Der Kranz besteht aus Schlehenzweigen, die einzelnen
Zweige werden mit Draht zusammengebunden. In der
Mitte befindet sich eine niedere Glasschale, die mit verschieden großen Kugeln gefüllt ist. Einige Kugeln werden
als Vasen benutzt, indem die Aufhänger entfernt werden
und in die Öffnungen die Orchideenblüten (Phalaenopsis)
gesteckt werden. Man sollte nicht vergessen, die Kugeln
mit Wasser aufzufüllen.*

Weitere Anlässe

Bei Veranstaltungen, bei denen der Anlass durch den Gastgeber vorgegeben wird, wie z. B. Geburtstage, Hochzeiten, Taufen, Erstkommunion- und Konfirmationsfeiern, aber auch bei Jubiläen, Vereins- und Firmenfeiern, sollte die Dekoration den Erwartungen des Veranstalters Rechnung tragen.

Im Verkaufsgespräch werden dann z. B. Lieblingsfarben oder bevorzugte Blumen des Geburtstagskinds oder des Brautpaars erfragt. Äußern die Gastgeber keine besonderen Wünsche hinsichtlich der Art der Blumen und deren Farbe, so stimmt man diese auf die jeweilige Jahreszeit ab.

Symbolhafte Gegenstände, wie z. B. Ringe bei Hochzeiten oder Jahreszahlen bei runden Geburtstagen und Silberhochzeiten, können den Anlass solcher Familienfeiern zwar unterstreichen; die Entscheidung darüber bleibt aber letztendlich dem persönlichen Geschmack des Veranstalters vorbehalten.

Bei Feiern, die ein bestimmtes Thema haben oder unter einem besonderen Motto stehen, können verschiedene Bestandteile der Dekoration das Thema zusätzlich unterstreichen und betonen.

Ein Beispiel dafür ist die Verwendung von Miniatur-Staffeleien als Menükartenhalter bei einem Bankett mit dem Titel „Kunst und Küche".

Für die Dekoration dieses Hochzeitstischs werden drei verschiedene Größen von Tontöpfen weiß angestrichen, mit Folie ausgelegt und mit Frischblumensteckmasse gefüllt. Es werden Rosen, Phlox, Hortensien und Schleierkraut zum Stecken verwendet. Bei den Rosen wird weiß-grüner Pittosporum (Klebsame) dazugesteckt. Die kleinen Töpfe mit dem Schleierkraut dienen zusätzlich als Tischkartenhalter. Eine ideale Dekoration für eine Hochzeit.

Sonstige Dekormaterialien

Bei Festlichkeiten, die am Abend stattfinden, sind vor allem Kerzen – in passenden Farben, in Leuchtern oder Kandelabern – als Pflichtdekoration anzusehen. Gedämpftes Licht und Kerzenschein sorgen bei den Bankettveranstaltungen für die richtige Raumatmosphäre und Stimmung.

Die Kerzen müssen in den Leuchtern sicher stehen, was man durch ein kurzes Erwärmen der Kerzenunterseite vor dem Einsetzen erreichen kann. Jegliche Brandgefahr durch umfallende Kerzen sollte ausgeschlossen sein. Vor dem Fixieren in den Halterungen werden sie einmal kurz angezündet, um die Wachsschicht um den Docht zu beseitigen und sie dadurch – kurz vor dem Eintreffen der Gäste – schneller entzünden zu können.

Besonders effektiv wird die Wirkung von Blumengestecken und vor allem auch von Kerzenleuchtern verstärkt, wenn man diese auf Spiegelflächen platziert. Man erreicht dadurch eine besonders stimmungsvolle Atmosphäre und eine ausgeprägte Tiefenwirkung.

Tischbänder in verschiedenen Farben, die zu mindestens einer Farbkomponente der anderen Dekorationsgegenstände passen sollten, können auf der Tischmitte ausgelegt werden. Hierbei ist zu beachten, dass die Tischbänder als Erstes, also noch vor dem Eindecken, auf der Tafel platziert werden und sie den Saum der Tischdecke nicht überragen sollten.

Alle weiteren Dekorationsmaterialien werden auf der Tafel zwischen den Gestecken und Kerzenleuchtern locker angeordnet und stellen einen Bezug zur Jahreszeit und zum Anlass der Veranstaltung her.

Menükarten erfüllen auf der Festtafel hauptsächlich zwei Funktionen. Zum einen informieren sie die Gäste über die angebotenen Speisen und Getränke, und zum anderen sind sie durch ansprechende Gestaltung in Form, Farbe und Aufmachung ein Teil der gesamten Dekoration auf dem Banketttisch. Da sie nach Bankettveranstaltungen meistens von den Gästen mitgenommen werden, erfüllen sie außerdem den Zweck eines Werbemediums.

Die gebräuchlichste Größe und Ausführung ist die DIN-A4-Klappkarte mit und ohne Einlageblatt. Die Kartenhüllen sollten aus stärkerem Karton (160 bis 200 g/m^2) bestehen und in Papierqualität und -farbe dem Stil und dem Niveau des Hauses entsprechen. Auf der Außenseite können sie mit dem Firmenaufdruck, dem Wort MENÜ, der Anlassbeschreibung, Ort und Datum versehen werden. Die beiden Innenseiten der

Karte bzw. des Einlageblatts (80 bis 100 g/m^2) tragen rechts die Speisen- und links die Getränkefolge. Der Text muss frei von Rechtschreibfehlern sein und wird grafisch linksbündig oder zentriert auf beiden Seiten angeordnet. Es ist darauf zu achten, dass die begleitenden Weine zu einer Menüfolge auf der linken Seite genau auf der gleichen Höhe angeordnet werden wie der Menügang, zu dem sie passend serviert werden (siehe Beispiele ab Seite 110). Einlageblätter werden durch Einkleben oder mit einer Kordel in der Hülle fixiert.

Für individuelle Menü- und Tischkarten sind im Buch- und Schreibwarenhandel Bastelvorlagen für alle Anlässe erhältlich.

Zeitgemäße Tisch- und Tafelkultur

Die Begriffe „Tisch- und Tafelkultur" umfassen im weitesten Sinne alles, was mit der Einnahme des Festessens zu tun hat. Dazu gehören alle Details, die vom Gast über die Sinne wahrgenommen werden: vom Ambiente des Raums mit dem Mobiliar und der Dekoration über die gedeckten Tische mit schön gebrochenen Serviettenformen, akkurat und regelgerecht eingedeckten Tellern, Bestecken und Gläsern, einem passenden geschmackvollen Tischschmuck mit Blumen, Kerzen, Bändern und sonstigen Gegenständen bis hin zur musikalischen Umrahmung, der Präsentation der servierten Speisen und Getränke und dem Verhalten sowie der Kleidung des Servierpersonals.

Alle Utensilien müssen in der Art des Materials, in der Farbe, der Form und im Stil aufeinander abgestimmt werden und in den Bankettbereich des jeweiligen Betriebs passen. Farbkontraste oder auch asymmetrische Formen können sich dabei durchaus harmonisch in die Tischgestaltung einfügen. Durch die richtige Dosierung der Dekoration wird verhindert, dass bei einem Zuviel der Tisch überladen wirkt und bei einem Zuwenig die Atmosphäre fehlt.

Zeitgemäße Tisch- und Tafelkultur wird hauptsächlich geprägt vom persönlichen Geschmack, dem Ideenreichtum, der Kreativität und dem Sinn für Ästhetik des Gestalters. Sie in den Veranstaltungsbereich zu integrieren, heißt die vielfältigen Quellen für Dekorationsideen zu nutzen, einen eigenen Stil zu entwickeln und dabei Neues auszuprobieren und umzusetzen.

Event-Veranstaltungen

Die perfekte Planung und Durchführung der verschiedensten Veranstaltungen im Bankettbereich ist nicht die einzige Möglichkeit, sich den Gästen als gut funktionierender und leistungsfähiger gastronomischer Betrieb zu präsentieren. Eine weitere Form, Marketing zu betreiben und für die vielfältigen Leistungen des Unternehmens zu werben, ist die Durchführung von Events (von dem englischen Wort „event" = Ereignis), bei denen nicht nur Tisch- und Tafelkultur, sondern der ganze Stil des Hauses dem möglichen Kundenkreis nahe gebracht werden können. Der Betrieb lädt bestimmte Gästegruppen, beispielsweise Stammgäste, per Anschreiben direkt zum Event ein, oder er schaltet eine Anzeige in der örtlichen Presse. Da die Veranstaltungen für das gesamte Haus

werben sollen, müssen sie sorgfältig geplant werden und eine Atmosphäre schaffen, in der sich die Gäste wohl fühlen können. Ob der Event aus einer kulinarischen Weinprobe für Genießer, aus einem Jazz-Frühschoppen am Sonntagmorgen oder aus einem Muttertags-Brunch für die ganze Familie besteht, er muss in allen Teilen der Veranstaltung jeweils auf die Zielgruppen zugeschnitten sein.

Grundsätzlich ist als Event alles geeignet, was alle Sinne, also den Geruchs- und Geschmackssinn, den Tastsinn, das Gehör und die Augen anspricht. Da die Konsumenten heutzutage im täglichen Leben mit Reizen förmlich überflutet werden, muss sich der Event nicht nur aus der Fülle der Reize herausheben und alle Sinne der Teilnehmer ansprechen, sondern auch ein positives Gefühl bei ihm hinterlassen. So können beispielsweise auch Spezialitätenabende mit einem attraktiven Speisen- und Getränkeangebot und in Verbindung mit Ausstellungen, Musik oder einer Show diesen Zweck erfüllen. Derartige Kombinationen verstärken das Sinnenerlebnis, und die Dekoration der Veranstaltungsräumlichkeiten und Farben unterstreichen dabei die angestrebten Effekte. Besondere Bedeutung hat die Betreuung der Gäste während des Events durch den oder die Verantwortlichen des Hauses.

Gelungene Events können neue Gästekreise für den Bankettbereich und damit für den Betrieb erschließen.

6

Bankettorganisation

Allgemeines zur Organisation

Unter Organisation versteht man die planmäßige Zuordnung von Menschen und Sachen zur betrieblichen Leistungserstellung.

Sie hat die Aufgabe, durch überlegte Koordination aller Arbeitsabläufe und bestmögliches Zusammenwirken aller Aufgabenträger die vorgegebenen Unternehmensziele zu erreichen und zu verwirklichen. Dabei sollte die Leistungserstellung möglichst wirtschaftlich sein und den Gästewünschen entsprechen.

Die betriebliche Organisation ist ein wichtiger Teil des Führungskonzepts eines Unternehmens und sorgt für Stabilität im Firmengeschehen.

Wichtige wirtschaftliche Unternehmensziele:

* Gewinnerzielung
* höchstmögliche Zufriedenheit der Gäste
* Qualitätsverbesserung
* Kosteneinsparung
* niedrigstmögliche Fluktuation

Wichtige soziale Unternehmensziele:

* Schaffung und Gestaltung von sicheren Arbeitsplätzen bei humanen Bedingungen
* höhere Zufriedenheit der Mitarbeiter
* Geringhaltung der Umweltbelastung durch Umsetzung des Umweltschutzgedankens

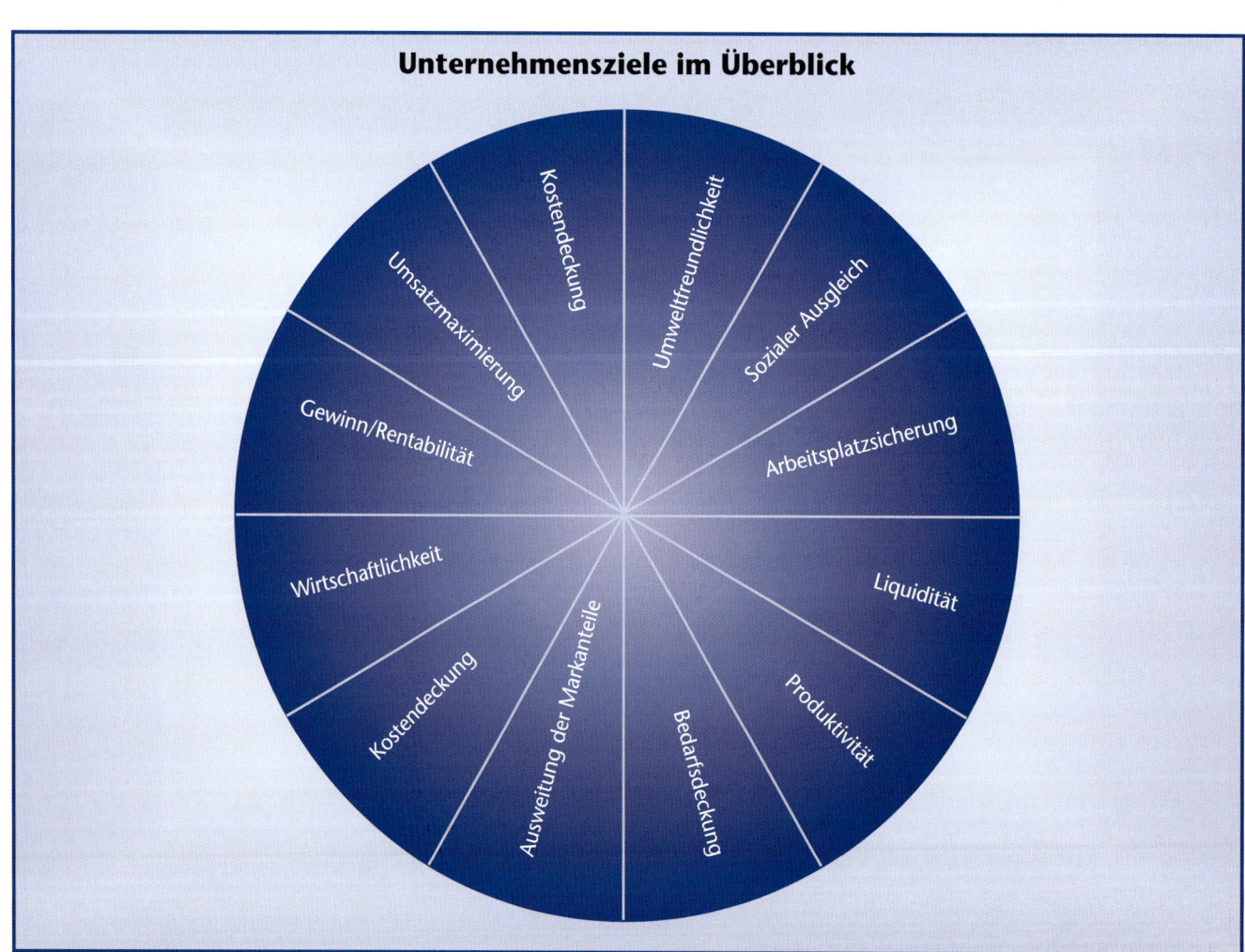

Wichtige Fachbegriffe in der Organisation

Maximalprinzip: Es wird das Ziel verfolgt, mit gegebenen Mitteln einen möglichst hohen Ertrag zu erzielen.

Minimalprinzip: Ziel ist, eine vorgegebene Leistung mit möglichst geringen Mitteln zu erbringen.

Regelungen: Verhaltensweisen, die wiederkehrende Vorgänge steuern. Die Arbeitsabläufe werden dadurch geordnet und in stets gleicher Weise erledigt. Ein erneutes Durchdenken gleicher Prozesse oder Probleme wird somit überflüssig.

Improvisation: Auf unerwartet auftretende Problemsituationen wird durch Improvisation reagiert. Bei der Disposition werden Entscheidungen fallweise getroffen und geeignete Maßnahmen ergriffen.

Häufige Fehler in der Betriebsorganisation:

- unklare Formulierung der Arbeitsaufgaben
- mangelnde Arbeitsplanung, -steuerung und -kontrolle
- zu wenig Klarheit und Übersichtlichkeit in den Arbeitsabläufen
- Unterschätzung der Organisation als Führungsinstrument
- zu starre Organisation, keine Anpassung an betriebliche Veränderungen, z. B. Kapazitätsausweitungen
- Über- bzw. Unterorganisation

Die Gliederung der allgemeinen Organisation

Der Gesamtkomplex organisatorischen Handelns im Betrieb gliedert sich in drei nacheinander ablaufende Schritte:

Planung (Aufbauorganisation)

- Festlegung von Organisationszielen
- Beschreibung und Zuordnung von Aufgaben
- Durchdringung von sich möglicherweise ergebenden Problemen und Gestaltung von Lösungsansätzen

Durchführung (Ablauforganisation)

- Regelung von Arbeitsinhalten, Arbeitszeiten, Arbeitsorten, Personen- und Sachmittelzuordnungen (Was? Wann? Wo? Wer? Womit?)
- Durchsetzung und Verwirklichung von in der Planung getroffenen Entscheidungen

Kontrolle (Auswertung)

- Feststellung des Ablaufergebnisses
- Vergleich des Resultats mit der Planungsvorgabe
- Analyse der eventuellen Abweichungen
- Gegebenenfalls Ergreifung von Korrekturmaßnahmen

Die Gliederung der Bankettorganisation

Die Hauptaufgabe in der Veranstaltungsorganisation ist das Erbringen von Sach- und Dienstleistungen. Der sich daraus ergebende organisatorische Aufbau des Bankett-bereichs ist immer von dieser Hauptaufgabe abhängig und wird in der Form eines Organigramms (Organisa-tionsplan = schematische Darstellung der Hierarchie eines Betriebs, einer Bereichs- bzw. Abteilungsstruktur mit Hinweis auf den Informationsfluss) dargestellt. Durch die Zusammenfassung von Teilaufgaben werden Abteilungen, wie z. B. der Bankettverkauf, gebildet.

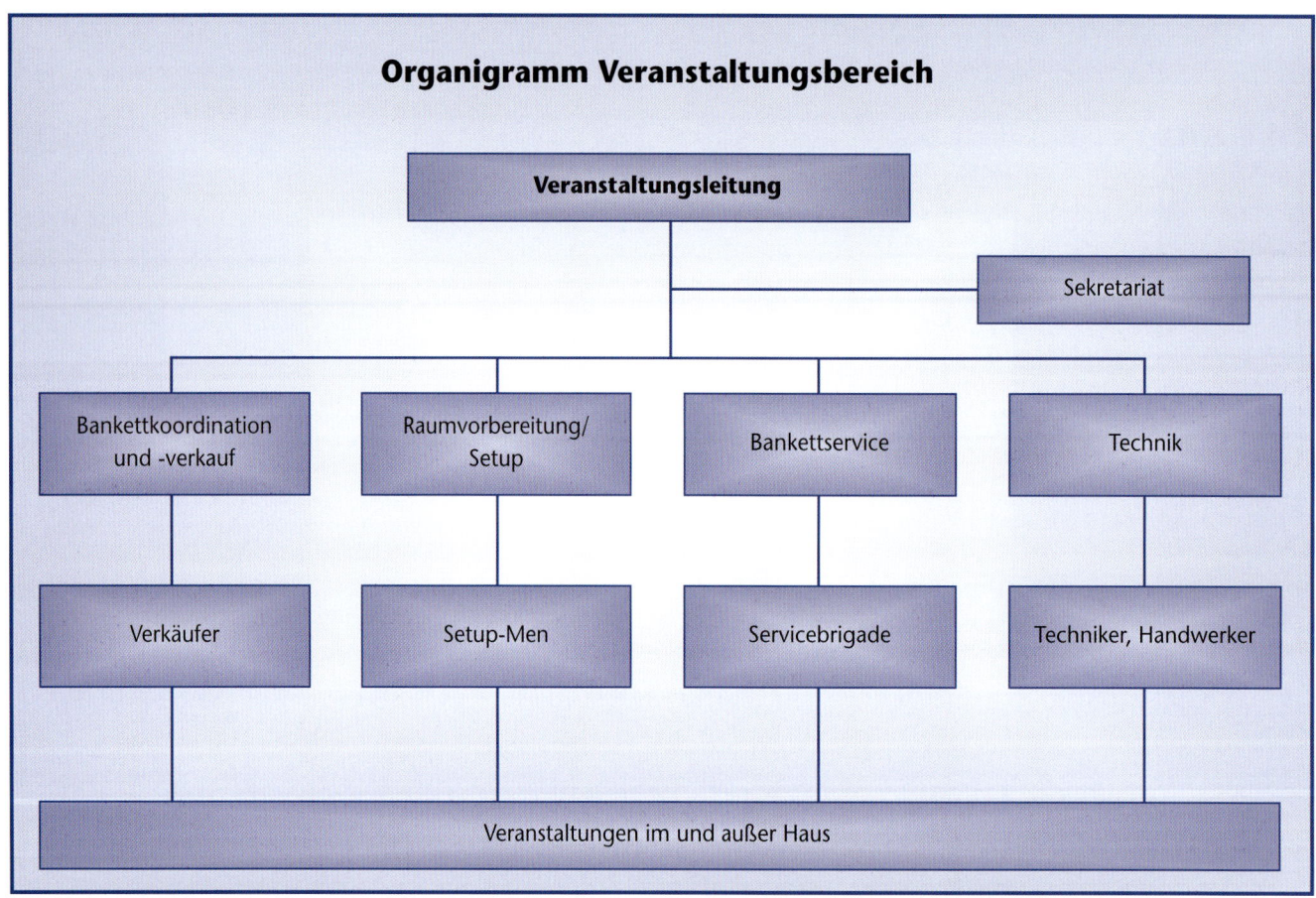

Organigramm Veranstaltungsbereich

- Veranstaltungsleitung
  - Sekretariat
  - Bankettkoordination und -verkauf
    - Verkäufer
  - Raumvorbereitung/ Setup
    - Setup-Men
  - Bankettservice
    - Servicebrigade
  - Technik
    - Techniker, Handwerker

Veranstaltungen im und außer Haus

Die Stellenbeschreibung

Einzelne Stellen werden durch Bündelung von Einzelauf-gaben, die von einer Person bewältigt werden können, geschaffen und in der entsprechenden Stellenbeschrei-bung definiert und festgelegt. Diese „Job-Descriptions", die für alle Beschäftigten im Betrieb angefertigt werden sollten, bieten für den Stelleninhaber den Vorteil, genau zu wissen, was das Unternehmen von ihm im Rahmen seiner Tätigkeit verlangt. Stellenbeschreibungen sind darüber hinaus wesentliche Grundlagen für die inhalt-liche Gestaltung von Stellenanzeigen, für die Einarbei-tung neuer Mitarbeiter, für Beurteilungsgespräche und die Zeugniserstellung.

Stellenbeschreibung (Beispiel)
Stellenbezeichnung: Bankettserviceleiter
Dienstrang: Abteilungsleiter

Organisatorische Einordnung
Bereich/Abteilung: F&B/Veranstaltungen, Bankette, Tagungen
Vorgesetzter: F&B-Manager
Unterstellte: alle Mitarbeiter im Bankettservice
Stellvertretung: Restaurantleiter

Ziele der Stelle:
Führung des Servicebereichs der Veranstaltungsabtei-lung nach den Richtlinien des Unternehmens und in

einer Art und Weise, wie es dem Stil und Niveau des Hauses entspricht.

Sicherstellen der optimalen Vorbereitung, des reibungslosen Ablaufs und der Nachbearbeitung aller Bankett- und Tagungsaktivitäten. Die Gästezufriedenheit und Servicequalität stehen hierbei im Vordergrund.

Erzielen von bestmöglichen Abteilungsergebnissen durch kostenbewusstes Arbeiten und optimalen Verkauf. Förderung der guten Zusammenarbeit aller Bankettmitarbeiter untereinander und mit anderen Abteilungen durch motivierende Führung. Die Mitarbeiter bleiben dem Unternehmen möglichst langfristig erhalten.

Aufgaben:

* Die Dienstpläne in Zusammenarbeit mit den anderen F&B-Serviceabteilungen wöchentlich erstellen.

* Das Personal, insbesondere das Aushilfspersonal, kostenbewusst einsetzen und die Arbeitsstunden kontrollieren.

* Den Urlaub der Mitarbeiter unter Berücksichtigung des anfallenden Geschäfts planen.

* Neue Mitarbeiter unter Berücksichtigung der Servicestandards und der Gästezufriedenheit einarbeiten.

* Den Trainingsplan für die gesamte Abteilung erstellen.

* Die Mitarbeiter schulen und dadurch deren Fähigkeiten – vor allem im Zusatzverkauf bei Veranstaltungen – fördern.

* Anweisungen erteilen, Aufgaben übertragen und deren Ausführung kontrollieren.

* Die Mitarbeiter beurteilen, dazu regelmäßig die entsprechenden Gespräche mit ihnen führen, diese dokumentieren und die Protokolle an die Personalabteilung weiterleiten. Inhalte für die Zeugniserstellung entwerfen und vorschlagen.

* Die zugeteilten Lehrlinge gemäß dem betrieblichen Ausbildungsplan anleiten, unterweisen und beurteilen.

* Die Berichtshefte der Auszubildenden kontrollieren, mit den Betroffenen besprechen und abzeichnen.

* Die Arbeitsabläufe unter Berücksichtigung der Servicestandards überwachen und einen gleichbleibend überzeugenden Service vor, während und nach jeder Veranstaltung gewährleisten.

* Die verbuchten Veranstaltungen täglich prüfen und die korrekte Rechnungstellung sicherstellen.

* An Abteilungsleiterbesprechungen teilnehmen und abteilungsinterne Meetings durchführen.

* Den Zustand aller Räumlichkeiten, des Materials und der technischen Einrichtung kontrollieren und gegebenenfalls Reparaturen veranlassen.

* Die Durchführung von Lager- und Materialinventuren organisieren und überwachen.

Verantwortung:

Der Stelleninhaber ist verantwortlich für

* die Disziplin, die Pünktlichkeit, das korrekte Auftreten und Verhalten sowie das termingerechte Arbeiten eines jeden Mitarbeiters;

* die Einhaltung der Ausbildungs- und Arbeitszeitverordnungen, der Hygiene- und Sicherheitsbestimmungen;

* die Anforderung und fachgerechte Lagerung aller Speisen und Getränke;

* die kostenbewusste und pflegliche Verwendung sowie Behandlung aller ihm anvertrauten Materialien, um deren Wertbeständigkeit zu erhalten.

Befugnisse:

* Der Stelleninhaber ist weisungsbefugt gegenüber allen ihm unterstellten Mitarbeitern. Bei Entscheidungen über gravierende disziplinarische Maßnahmen ist mit dem Vorgesetzten oder der Personalleitung Rücksprache zu nehmen und die betriebliche Interessenvertretung der Arbeitnehmer zu informieren.

* Bei allen anderen personellen Angelegenheiten, die seine Mitarbeiter betreffen, übt er ein wesentliches Mitspracherecht aus. Dies betrifft vor allem Veränderungen, wie z. B. Einstellungen, Versetzungen und Entlassungen, in dem von ihm verantworteten Bereich.

* Bei Reklamationen von Gästen befindet der Stelleninhaber selbstständig über eine angemessene Entschädigung der Betroffenen zu Lasten des Betriebs. Außerdem entscheidet er über den Umfang der Bewirtung von Gästen zu Repräsentationszwecken und auf Kosten des Hauses.

Anforderungen an den Stelleninhaber:

Vom Stelleninhaber werden erwartet

* gepflegtes Äußeres und tadelloses, vorbildliches Verhalten

* Teamfähigkeit und kooperativer Führungsstil

* Einfühlungsvermögen und ausgeprägtes Motivationstalent

* Flexibilität und Organisationsfähigkeit

* kostenbewusstes Denken und Handeln

- Qualitätsbewusstsein
- die Bereitschaft, mit anderen Abteilungen zeitgerecht zu kommunizieren und optimal zusammenzuarbeiten
- Verkaufsgeschick und Fingerspitzengefühl im Umgang mit schwierigen Gästen
- Fortbildungsbereitschaft
- die Ableistung von Überstunden sowie die Übernahme von besonderen ihm zugewiesenen Tätigkeiten in zumutbarem Rahmen

Organisationsablauf

Der gesamte Organisationsablauf im Bankett – von der Planung über die Durchführung bis hin zur Kontrolle – ist in einzelne, aufeinander folgende Teilschritte gegliedert.

Werbung

Durch werbliche Maßnahmen, wie z. B. Anzeigen in den Printmedien oder Prospekten, werden Gäste und mögliche Veranstalter auf den Veranstaltungsbereich des Betriebs aufmerksam gemacht. Jegliche Werbung in der Öffentlichkeit muss der Wahrheit entsprechen, wirtschaftlich sein sowie aktuell und originell gestaltet werden. Um Wirksamkeit zu erzielen, sollte die Werbung dem Prinzip der AIDA-Formel folgen:

Attention (engl. für Aufmerksamkeit erregen)
Interest (engl. für Interesse bewirken)
Desire (engl. für Wünsche wecken)
Action (engl. für Aktion, Handlung auslösen)

Anfrage

In der Anfrage kommt es zum ersten direkten Kontakt zwischen dem Gast und der Bankettabteilung. Bei diesen meist telefonisch geführten Verkaufsgesprächen müssen von der verantwortlichen Person im Veranstaltungsbüro die folgenden wichtigsten Eckdaten geklärt werden:
- Veranstalterdaten (Name, Adresse, Telefon, Fax, E-Mail)
- Veranstaltungstermin und Zeit

- Personenzahl
- Anlass
- benötigte Räume
- grober F&B-Rahmen
- Preisvorstellungen
- Besonderes (z. B. Hotelzimmer)
- Optionstermin (bis zu diesem Termin hält die Bankettabteilung die gewünschten Räume frei)
- zur Aufnahme der Anfrage kann eine Checkliste oder ein entsprechendes Formular benutzt werden

Angebot

Beim Versand eines Angebots an einen potenziellen Veranstalter muss man auf die Vollständigkeit der Unterlagen achten. Außer den kompletten Vorschlägen für Sach- und Dienstleistungen sowie dem dafür gültigen Preisspiegel sollten auch die allgemeinen Geschäftsbedingungen des Betriebs dem Schreiben beigefügt werden. Offerten für Zusatzleistungen, detaillierte Skizzen der verfügbaren Räumlichkeiten und Prospektmaterial des Hauses können das Angebot zusätzlich ergänzen.

Absprache

In diesen Verkaufsgesprächen, die meistens persönlich im Bankettbereich oder – bei Außer-Haus-Veranstaltungen – am Veranstaltungsort geführt werden, bespricht die für den Verkauf zuständige Person mit dem Gast sämtliche Einzelheiten des Events. Als Hilfe kann hierbei eine Checkliste oder ein entsprechendes Formular verwendet werden. Vor allem bei Großveranstaltungen kann die Besprechung auch mit einem Probeessen verbunden werden. Dabei kann sich der Kunde von der Speisenqualität des Hauses überzeugen und parallel dazu auch die empfohlenen Weine verkosten.

Schriftliche Bestätigung

Die Auftrags- bzw. Reservierungsbestätigung muss alle abgesprochenen Einzelheiten enthalten und sollte dem Veranstalter in doppelter Ausfertigung zugeschickt werden. Die Kopie kann dann von ihm unterschrieben an die Bankettabteilung per Brief oder Fax zurückgesandt werden.

Die Bestätigung kann auch als Formular gestaltet sein. Jeglicher Schriftverkehr sollte inhaltlich fehlerfrei sein und zusätzlich von der Form her der DIN-Norm entsprechen (siehe auch nebenstehendes Muster).

Briefgestaltung nach DIN-Norm

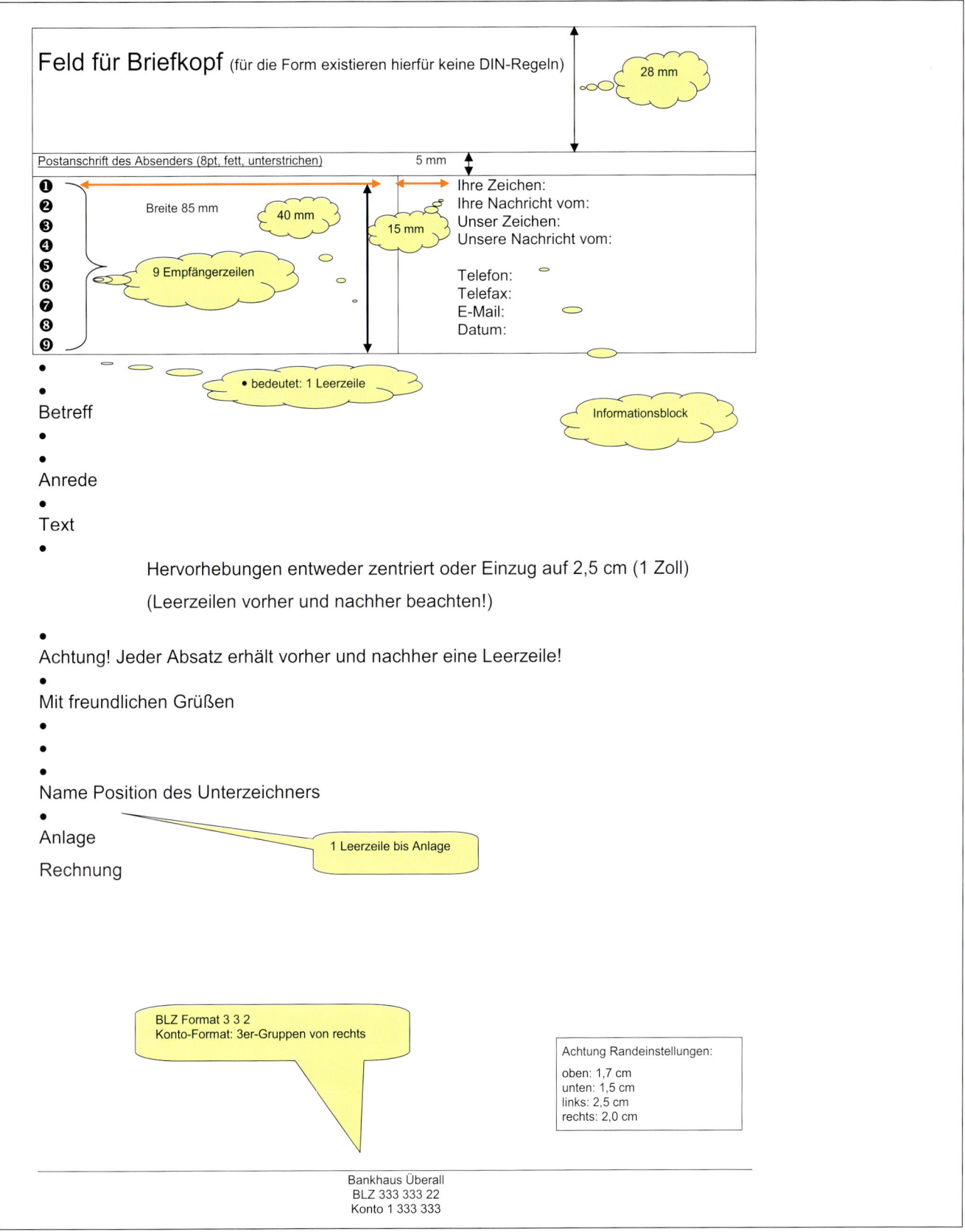

Interne Organisation

Die wichtigste Aufgabe des Bankettbüros im Rahmen der organisatorischen Ablaufplanung besteht zunächst darin, an alle Abteilungen des Betriebs Informationen über bevorstehende Veranstaltungen zu verteilen. Dies kann zunächst mit Hilfe einer Monats- bzw. Wochenübersicht geschehen. Die ausführlichste Information bietet der Bankettauftrag, der auch als Avis (Nachricht, Ankündigung) oder „Function Sheet" (aus dem Englischen = Funktionsblatt) bezeichnet wird und alle mit dem Gast abgesprochenen Einzelheiten enthält.

Die Personaldisposition wird von den Abteilungen vorgenommen, und eventuell werden Aushilfskräfte engagiert. Der Wareneinkauf und die Bereitstellung der benötigten Materialien muss organisiert werden. Auch müssen die Vorbereitungen in den Räumlichkeiten getroffen werden. Es wird eingedeckt und die Mise en place für den Service bereitgestellt. Ein besonders wichtiger Punkt nach Abschluss der Mise-en-place-Arbeiten ist, bei Banketten kurz vor deren Beginn alle beteiligten Mitarbeiter im Service zu informieren. Dieses wird im Rahmen einer Servicebesprechung von der Serviceleitung durchgeführt. Der Ablauf der Veranstaltung wird besprochen und dabei auf etwaige Besonderheiten hingewiesen. Es wird eine personelle Einteilung vorgenommen, so dass alle Beteiligten wissen, wofür sie zuständig sind. Bei großen Extras wird als zusätzliche Information ein so genannter Tafelorientierungsplan im Office ausgehängt. Er zeigt in einer grafisch gestalteten Übersicht den Veranstaltungsraum mit der Bestuhlungsform und bestimmt mit den Namen der Servicekräfte die Zuständigkeitsbereiche im Bankettsaal.

Veranstaltungsdurchführung

Mit dem Eintreffen der ersten Gäste beginnt die Durchführung des Banketts. In vielen Fällen kommt der Veranstalter als Erster im Betrieb an. Er sollte sofort bei seiner Ankunft von der verantwortlichen Person der Bankettabteilung freundlich begrüßt und nach möglichen Wünschen oder Änderungen, z. B. bei der Personenzahl, gefragt werden. Bis zum Ende des Banketts muss dem Gastgeber auch weiterhin immer eine Person zur Verfügung stehen, die als Ansprechpartner fungiert.

Nach dem Ende der Veranstaltung, der Erstellung der Abrechnung und dem Aufräumen findet eine Nachbesprechung als Manöverkritik mit dem Personal statt. Die besonders positiven Aspekte der Durchführung werden gewürdigt und auf mögliche Fehler hingewiesen, damit sie sich bei künftigen Veranstaltungen nicht wiederholen. Stets wiederkehrende gleiche Fehler sind als äußerst negativ anzusehen und beweisen, dass man nicht bereit ist, aus ihnen zu lernen.

Rechnungsversand

Vor dem Versenden der Rechnung, das sobald als möglich geschehen kann, muss sie von der Bankettabteilung unbedingt auf Vollständigkeit geprüft werden. Es ist äußerst peinlich für den Betrieb, wenn z. B. die Blumengestecke oder Menükarten vergessen wurden und nachberechnet werden müssen.

Nachbearbeitung und Auswertung

Nachdem intern am Ende der gelaufenen Feier bereits eine Nachbearbeitung in Form einer Manöverkritik erfolgt ist, sollte einige Tage nach dem Bankett von der verantwortlichen Person der Bankettabteilung beim Veranstalter nachgefragt werden, ob er mit der vom Betrieb erbrachten Leistung vollständig zufrieden war. Der geeignete Zeitpunkt für die Nachfrage ergibt sich aus dem Termin des Rechnungsversands und der Hinzurechnung der durchschnittlichen Postlaufzeit.

Durch die nochmalige gezielte Erforschung der Zufriedenheit des Gastes bei der Nachfrage gibt man ihm auch die Möglichkeit, eine Reklamation (= Unmutsäußerung des Gastes) zu erwähnen, und kann diese dann wie folgt bearbeiten:

- aufklären, was vorgefallen ist

- entschuldigen

- danken für den Hinweis und versichern, dass dafür gesorgt wird, den Fehler in Zukunft zu vermeiden

- Entschädigung anbieten

Weitere positive Aspekte der Nachfrage sind die Klärung von Einzelheiten zur Veranstaltungsrechnung und die Annahme von möglichen Folge- und Wiederholungsbuchungen. Eine Maßnahme im Rahmen der betriebsinternen Auswertung ist die kontinuierliche Führung einer Veranstaltungskartei. In der Kartei werden alle Veranstalter-Stammdaten und die für den Betrieb wichtigen Informationsdaten festgehalten, wie z. B. Termin, Anlass, Personenzahl, Umsätze und Besonderheiten. Dieses kann mittels Karteikarten oder durch die Verwendung eines Software-Programms mit dem PC erfolgen. Beispiele für die Bearbeitung von Veranstaltungen mit dem Programm „BANKETTprofi" werden auf den folgenden Seiten dargestellt.

BANKETT*profi*
Die Steuerungs-Software
für Catering und Veranstaltung

Die Software BANKETTprofi erfüllt alle Anforderungen an ein modernes Bankettprogramm zur Abwicklung von Veranstaltungen. Dabei umfasst sie alle Komponenten von der Aufnahme aller Einzelheiten zum Veranstaltungszeitpunkt, zum Gast/Veranstalter, zur Veranstaltung selbst und zum Veranstaltungsort bis zur rechtlichen und inhaltlichen Abwicklung (Anfrage – Kalkulation – Angebot – Annahme – Vertrag – Rechnung). Es können die verschiedensten Briefe, Arbeits- und Veranstaltungshinweise sowie Menükarten ausgedruckt werden.

Schon das Grundmodul verfügt über die folgenden Leistungsmerkmale:

♦ Adressverwaltung mit beliebig vielen Ansprechpartnern, Dublettenabgleich.

♦ Lieferadressen mit Notizen zur Anlieferung.

♦ Korrespondenzabwicklung mit Briefvorlagen, Textbausteinen und Serienbriefen.

♦ Artikelverwaltung mit Arrangementzusammenstellungen, Deko- und Ausstattungsartikel, Dienstleistungen können als Artikel angelegt werden.

♦ Raumverwaltung mit umfangreichen Stammdaten.

♦ Vergabe von Teilräumen/Unterräumen (Sperrung des Gesamtraums oder Warnfunktion).

♦ Die Menükarte auf Knopfdruck mit vielen Vorlagen in den meisten Formaten, Grafik- und Fotoeinbindung, nachträgliche Änderungen sind möglich.

♦ Angebot, Vertrag, verschiedenste Abteilungsinfos, viele veränderbare Checklisten.

♦ Wiedervorlage- und Optionsverwaltung aus Veranstaltungen und aus Briefen.

♦ Managementinformationen, wie z. B. Forecast.

Daneben bietet der BANKETTprofi eine Reihe von zusätzlichen Ergänzungen (Modulen), die eine Anpassung an individuelle betriebliche Situationen zulassen.

Beispiel für die Eingabemaske – BANKETTprofi

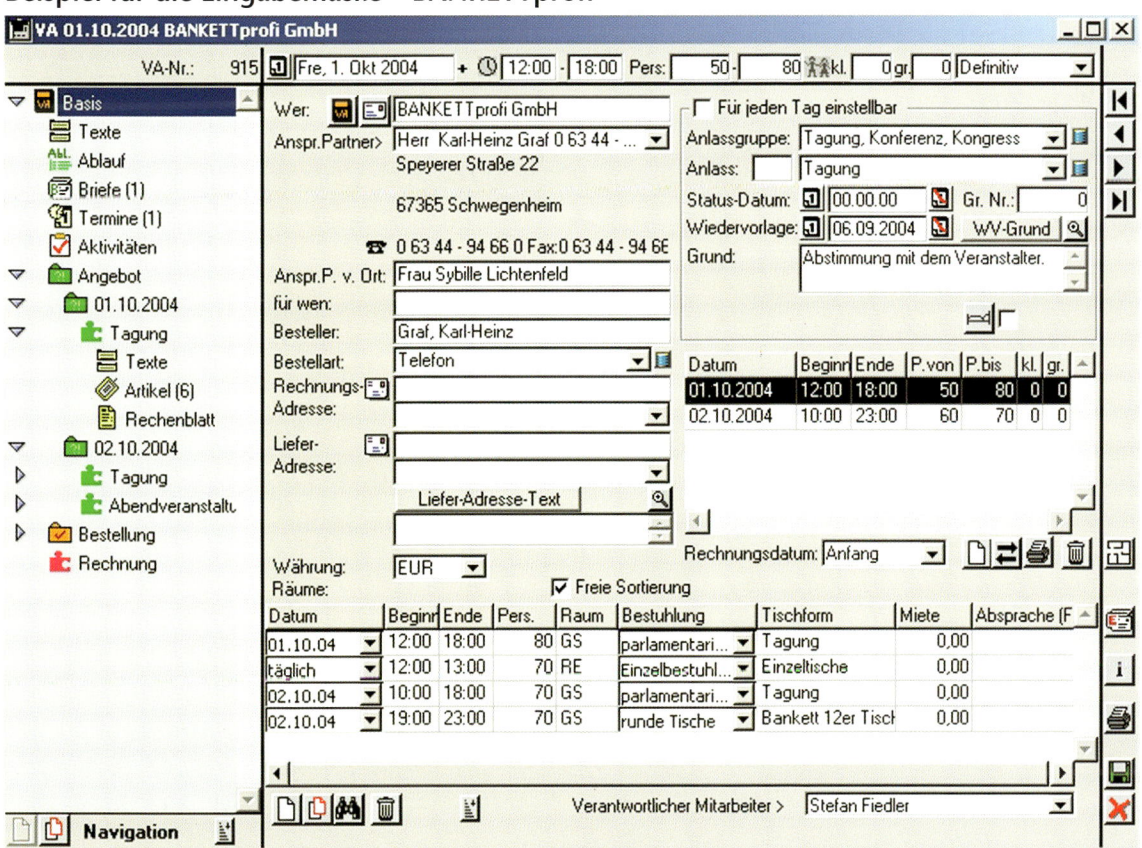

Auszüge aus dem Angebot – BANKETTprofi

Hotel Muster Große Straße 25 12345 Neuenstadt

BANKETTprofi GmbH
Speyerer Straße 22

67365 Schwegenheim

Neuenstadt, 21. April 2004

Angebot

Sehr geehrte Damen und Herren,

wir danken für Ihre freundliche Anfrage und freuen uns, für Sie tätig zu werden. Unsere Ideen und Vorschläge haben wir auf
den folgenden Seiten detailliert dargestellt.

| **Datum** | Freitag, 1. Oktober 2004 | **Zeit** | 12:00-18:00 Uhr | VA.Nr. 915 |
| **Anlass** | Tagung | **Pers.** | 50-80 | Status: Definitiv |

Disponierte Räume:

Datum	Zeit	Pers.	Raum	Bestuhlung
01.10.04	12:00 - 18:00	80	Großer Saal	parlamentarisch
täglich	12:00 - 13:00	70	Restaurant	Standard
02.10.04	10:00 - 18:00	70	Großer Saal	parlamentarisch
02.10.04	19:00 - 23:00	70	Großer Saal	runde Tische

Ablauf der Veranstaltung:

Datum	Zeit	Aktivität
01.10.04	12:00 - 12:30	Begrüßungskaffee
täglich	15:00 - 15:30	Kaffeepause
02.10.04	10:00 - 10:30	Kaffeepause
02.10.04	19:00 - 19:30	Empfang
02.10.04	20:00 - 22:00	Abendessen

Angebot

Fortsetzung

Veranstalter   BANKETTprofi GmbH   VA.Nr. 915

Sam, 2. Okt 2004   Abendveranstaltung

Anzahl	Artikel	Preis	€
	Aperitif		
	Campari Orange		5,00
	Jahreszeitlicher Hauscocktail, speziell für Sie gemixt		6,50
	Prosecco Mix mit Birne, Armagnac und Vanille		5,50
	Ihr Menüangebot:		
70	Menüempfehlung 1		35,00

Riesengarnelen mit Räucherlachs
an Blattsalaten mit Kürbiskernvinaigrette
* * *
Hummercremesüppchen mit Gin-Sahne-Haube
* * *
Barbarie-Entenbrust mit Orangensauce
rosa gebraten und mit jungem Gemüse garniert
Brokkoli mit Mandelbutter und Macairekartoffeln
* * *
Variation diverser Desserts
mit hausgemachtem Eisgugelhupf
Mousse au Chocolat
Fruchtmark, Früchten, Hippenstange
abgestäubt mit Puderzucker

Weinauswahl

2001er Chardonnay Colli Orientali D.O.C.		15,50
Torre Rosaza, Friaul		
2003er Erbacher Michelmark		31,00
Riesling Kabinett trocken		
Prinz von Hessen		
2003er Oestricher Lenchen		19,00
Riesling Kabinett trocken		
Weingut Peter Bauer		
2003er Schloss Johannisberger Gelblack		27,00
Riesling QbA trocken		
Schloss Johannisberg Rheingau		

Dekoration

Als Tischdekoration zur Gestaltung Ihrer festlichen Tafel bieten wir Ihnen passende   4,00
Blumengestecke, dazu passende Kerzenständer und Kerzen, große Deckteller mit echtem
Goldrand und handgebügelte Spitzendeckchen, Stoffservietten und unser besonderes
Menükärtchen mit Ihrem Firmenlogo oder Foto und dem Anlass Ihrer Veranstaltung.

Angebot

Fortsetzung

Veranstalter   BANKETTprofi GmbH

Ihr Tischplan:

VA.Nr. 915

Großer Saal

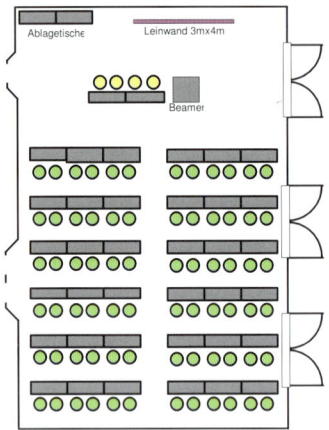

Tagung

Restaurant

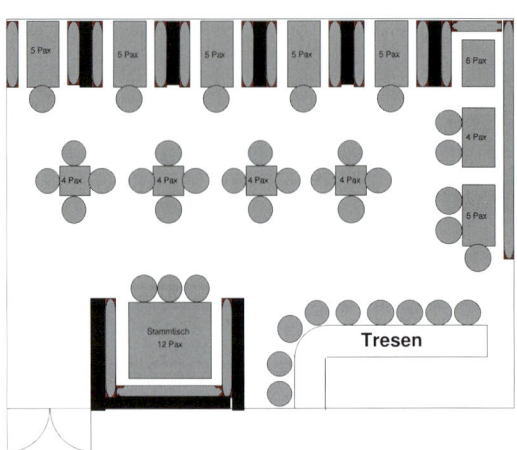

Einzeltische

Großer Saal

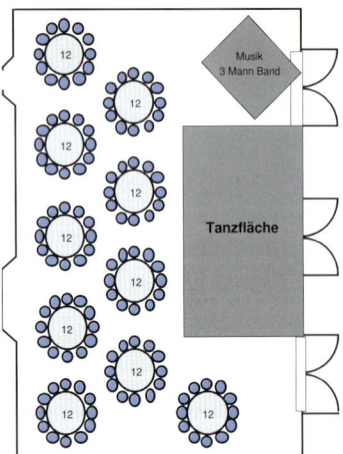

Bankett 12er-Tische

Wir hoffen, dass Ihnen unser Angebot zusagt und freuen uns, recht bald von Ihnen zu hören,
um weitere Details zu besprechen.

Sofern Sie dieses Angebot bestellen möchten, senden Sie es uns bitte gegengezeichnet mit eventuellen Änderungswünschen
zurück.

Neuenstadt, 16.08.2004

_____   _____

Hotel Restaurant und Partyservice Muster   **Veranstalter**

PS: Kleine Geschenke erhalten die Freundschaft. Schenken Sie uns Ihr Vertrauen, wir schenken Ihnen unsere ganze
Aufmerksamkeit.

Auszug aus der Küchenanweisung – BANKETTprofi

VA.Nr. 915

Anlass Tagung   Status: Definitiv

BANKETTprofi GmbH
Speyerer Straße 22

67365 Schwegenheim

Tel: 0 63 44/94 66-0, Fax: 0 63 44/94 66 20

Disponierte Räume:

Datum	Zeit	Pers.	Raum	Bestuhlung
01.10.04	12:00 - 18:00	80	Großer Saal	parlamentarisch
täglich	12:00 - 13:00	70	Restaurant	Standard
02.10.04	10:00 - 18:00	70	Großer Saal	parlamentarisch
02.10.04	19:00 - 23:00	70	Großer Saal	runde Tische

Ablauf der Veranstaltung:

Datum	Zeit	Aktivität	Anz.
01.10.04	12:00 - 12:30	Begrüßungskaffee	70
täglich	15:00 - 15:30	Kaffeepause	70
		bei schlechtem Wetter im Foyer	
02.10.04	10:00 - 10:30	Kaffeepause	70
		bei schlechtem Wetter im Foyer	
02.10.04	19:00 - 19:30	Empfang	70
		Vor dem Großen Saal	
02.10.04	20:00 - 22:00	Abendessen	70

Fre, 1. Okt 2004   Tagung

Anzahl Artikel

80 Tagungspauschale ohne Übernachtung, pro Person

Bereitstellung eines geeigneten Tagungsraums mit Tageslicht, verdunkelbar, Bestuhlung nach Wunsch

Standardtechnik:
Overheadprojektor und Leinwand, Flipchart und
3 Pinnwände, Blöcke und Stifte, Moderatorenkoffer

Vormittagspause mit Kaffee, Tee,
Orangensaft und Feingebäck
Nachmittagspause mit Kaffee, Tee, Orangensaft,
Croissants und Plundergebäck oder Eis

Mittagessen je nach Teilnehmerzahl im Haus:
3-Gänge-Menü oder vom reichhaltigen Büfett
inkl. 1 Softgetränk und 1 Tasse Kaffee
Mineralwasser Selters blau, im Tagungsraum

16.08.04 16:02 Uhr Stefan Fiedler   **Küche**   BANKETTprofi © 5562001

Auszug aus der Serviceanweisung – BANKETTprofi

VA.Nr. 915

BANKETTprofi GmbH

Sam, 2. Okt 2004   Abendveranstaltung

Anzahl	Artikel	Preis	€
	Jahreszeitlicher Hauscocktail, speziell für Sie gemixt	6,50	
	2003er Erbacher Michelmark	31,00	
	Riesling Kabinett trocken		
	Prinz von Hessen		
70	Menüempfehlung 1	35,00	2.450,00

Riesengarnelen mit Räucherlachs
an Blattsalaten mit Kürbiskernvinaigrette
* * *

Hummercremesüppchen mit Gin-Sahne-Haube
* * *

Barbarie-Entenbrust mit Orangensauce
rosa gebraten und mit jungem Gemüse garniert
Brokkoli mit Mandelbutter und Macairekartoffeln
* * *

Variation diverser Desserts
mit hausgemachtem Eisgugelhupf
Mousse au Chocolat
Fruchtmark, Früchten, Hippenstange
abgestäubt mit Puderzucker

Als Tischdekoration zur Gestaltung Ihrer festlichen Tafel bieten wir Ihnen   4,00
passende Blumengestecke, dazu passende Kerzenständer und Kerzen,
große Deckteller mit echtem Goldrand und handgebügelte
Spitzendeckchen, Stoffservietten und unser besonderes Menükärtchen mit
Ihrem Firmenlogo oder Foto und dem Anlass Ihrer Veranstaltung.

Auszug aus der Rechnung – BANKETTprofi

BANKETTprofi GmbH
Speyerer Straße 22

67365 Schwegenheim

Rechnungsnummer:	128	
Steuernummer:	52/671/0445/6	vom 03.10.2004
Ust.Ident Nr.:	DE 245 489 222	

Ihre Veranstaltung vom 01.10.04 bis 02.10.04 in unserem Hause
Wir bedanken uns für Ihr Vertrauen und senden Ihnen unsere Rechnung:

	Menge	Einzelpreis	Gesamtpreis
Tagung: 01.10.2004			
Datenbeamer pro Tag	1	260,00 €	260,00 €
Leinwand 3 x 3 m	1	25,00 €	25,00 €
Mikrofonanlage	1	210,00 €	210,00 €
Tagungspauschale ohne Übernachtung	80	39,90 €	3.192,00 €
Tagung: 02.10.2004			
Tagungspauschale wie Vortag	70	39,90 €	2.793,00 €
Datenbeamer pro Tag	1	260,00 €	260,00 €
Leinwand 3 x 3 m	1	25,00 €	25,00 €
Mikrofonanlage	1	210,00 €	210,00 €
Abendveranstaltung: 02.10.2004			
Jahreszeitlicher Hauscocktail	86	6,50 €	559,00 €
2003er Erbacher Michelmark	25	31,00 €	775,00 €
2003er Schloss Johannisberger Gelblack, 0,75 l	61	27,00 €	1.647,00 €
Menü 1	70	35,00 €	2.450,00 €
Mineralwasser Selters blau, 0,75 l	107	3,60 €	385,20 €
Coca-Cola, 1 l	15	4,00 €	60,00 €
Fanta, 1 l	2	4,00 €	8,00 €

Zwischensumme:			12.859,20 €

Die Planung und Durchführung von Verkaufsgesprächen

Der wirtschaftliche Erfolg der Bankettabteilung ist vor allem auch von der professionellen und effektiven Durchführung von Absprachen und Verkaufsverhandlungen mit dem Veranstalter abhängig. Hier zeigt es sich, ob der Verkäufer als Repräsentant des Betriebs die Gäste mit Fachwissen, Produkt- und Dienstleistungskenntnis gut zu beraten vermag und unter Anwendung von Verkaufstechnik und Verkaufspsychologie den Erfolg im Gespräch sicherstellt. Dazu gehört außerdem Menschenkenntnis, die durch Beobachtung der Gesprächspartner im Laufe der Zeit gewonnen werden kann. Eine positive Verkaufseinstellung, die optimale persönliche Vorbereitung mit der Verfügbarkeit von umfangreichen Verkaufsunterlagen sowie ein tadelloses äußeres Erscheinungsbild und Benehmen runden das gute Gesamtbild des Verkäufers in den Augen des Gastes ab.

Verkaufsgespräche am Telefon

Bei telefonischen Absprachen und Verhandlungen sollte man sich bewusst machen, dass die eigene Persönlichkeitswirkung nur über das Akustische übertragen wird. Damit kommen der Stimme mit Klangfärbung, Deutlichkeit und Sprachgeschick sowie der Wortwahl und der Ausdrucksweise die allergrößte Bedeutung zu. Es muss dem Verkäufer gelingen, am Telefon nicht nur freundlich, höflich und hilfsbereit zu sein, sondern auch so zu klingen!
Die wichtigsten Regeln zum Verhalten am Telefon sind folgende:

- Klingelndes Telefon möglichst schnell abnehmen.

- Freundlich melden mit Firma, Name (evtl. mit Vornamen) und Tagesgruß, dabei deutlich sprechen.

- Namen (und gegebenenfalls Titel) des Anrufers verwenden.

- Öfter lächeln am Telefon, es lässt die Stimme freundlicher klingen.

- Konzentriert zuhören, Anrufer nicht unterbrechen.

- Störende Nebengeräusche im Hintergrund vermeiden.

- Durch aktive, offene Fragen auf den Anrufer und dessen Wünsche eingehen.

- Bei Fragen, die nicht gleich beantwortet werden können, Rückruf anbieten.

- Positive Wörter und Formulierungen benutzen.

- Gespräch mit Dank und freundlichem Schlusssatz beenden.

Das persönliche Verkaufsgespräch

Wurde mit dem Veranstalter ein Termin zur Besprechung der Einzelheiten im Haus vereinbart oder kommt der Gast unangemeldet vorbei, muss man in jedem Fall optimal auf das Gespräch vorbereitet sein. Dies bedeutet, dass die zur Führung des Gesprächs benötigten Unterlagen bereit sind. Die so genannte Bankettmappe sollte Dokumentationen enthalten, die bei Bedarf den Gästen ausgehändigt werden können.

Vorschläge zum Inhalt der Bankettmappe:

- Speisen- und Getränkevorschläge (Menüs, Büfetts, Snacks, Pausenbewirtung, Weine und sonstige Getränke)

- Liste der verfügbaren technischen Ausstattung

- übersichtlicher Preisspiegel für alle angebotenen Sach- und Dienstleistungen, Raummieten sowie die allgemeinen Geschäftsbedingungen für Veranstaltungen

- Skizzen und Pläne der im Haus angebotenen Räumlichkeiten mit Bestuhlungsbeispielen und Angaben zu den Kapazitäten

- bestes Bildmaterial der Räume und Dekorationen

- Pauschalangebote und Vorschläge für Rahmenprogramme

- Hausprospekt mit Anfahrtsskizze

Zur Vorbereitung der Absprache gehört auch die Überlegung, welcher Ort zur Durchführung des Verkaufsgesprächs im Betrieb geeignet ist. Am ehesten bietet sich hier ein Konferenzraum oder eine ruhige Ecke im Restaurant an. Das Bankettbüro ist durch mögliche Störungen für Besprechungen völlig ungeeignet.

Der Ablauf eines Verkaufsgesprächs gliedert sich in drei wesentliche Phasen:

Kontakt- und Vertrauensphase

Die Gäste werden freundlich begrüßt, wobei dem Verkäufer bekannte Personen mit dem Namen und gegebenenfalls mit dem Titel angesprochen werden. Man stellt sich selbst mit dem Namen und der Funktion, die man

Zum positiven ersten Eindruck für die Gäste gehört die freundliche und herzliche Begrüßung durch die Bankettkoordinatorin des Hauses.

Bei der Beratung der Veranstalter hinsichtlich der Tischform und Raumgestaltung sind Skizzen mit Bestuhlungsbeispielen sehr hilfreich.

im Betrieb einnimmt, vor. Der Blickkontakt und die liebenswürdige Art der Mitarbeiter des Hauses prägen hierbei den so wichtigen ersten Eindruck, den der Veranstalter vom Unternehmen erhält.

Als Zeichen dafür, ein guter Gastgeber zu sein, sollte man den Besuchern außer einem geeigneten Sitzplatz auch eine Erfrischung in Form eines Getränks anbieten. Sind alle Beteiligten am Tisch versorgt, sollte man nicht sofort mit der Abfrage der Daten für die geplante Veranstaltung beginnen, sondern mit einer oder zwei einleitenden und allgemeinen Fragen eine gelöste Gesprächsatmosphäre schaffen. Der Inhalt dieser Fragen ist situationsbedingt und kann sich z. B. darauf beziehen, inwiefern der Kunde den gastronomischen Betrieb bereits kennt oder auf ihn aufmerksam wurde. Auch hier beeinflussen Blickkontakt und eine offene, dem Interessenten zugewandte Körperhaltung dessen positiven ersten Eindruck und signalisieren ihm die Aufmerksamkeit und das Interesse des Verkäufers.

Das Ziel der ersten Phase ist es, möglichst schnell das Vertrauen des Gastes zum Verkäufer und zu dem Betrieb zu gewinnen.

Verkaufs- und Beratungsphase

Durch gezielte Fragen müssen nun die Wünsche, Erwartungen und Bedürfnisse des Veranstalters detailliert erforscht und erfasst werden. Da die Anwendung der entsprechenden Fragetechnik von entscheidender

Damit die Gäste einen Eindruck vom Ambiente erhalten, werden ihnen die vorgesehenen Veranstaltungsräumlichkeiten gezeigt.

Bedeutung für den Erfolg der Absprache ist, wird sie im weiteren Verlauf des Kapitels ausführlicher behandelt.
Der Gast wird jetzt bei der Auswahl der Speisen und Getränke sowie aller anderen Sach- und Dienstleistungen fachlich kompetent beraten. Dazu gibt der Verkäufer passende Empfehlungen und unterbreitet dem Gast besonders bei den Punkten geeignete Vorschläge, bei denen der Veranstalter keine konkreten Wunschvorstellungen hat.

Besondere Einwände des Kunden einzelnen Angeboten gegenüber können zwar Konfliktsituationen heraufbeschwören, diesen kann aber mit der Hervorhebung der wesentlichen – und vom Gast nicht erkannten – Vorteile des Angebots begegnet werden.

Ein weiterer wichtiger Punkt im Verkaufsgespräch ist das Zeigen der für die Veranstaltung vorgesehenen Banketträume. Der Zeitpunkt der Besichtigung der Räumlichkeiten hängt davon ab, wann es ins Gespräch passt. Am vorteilhaftesten wird es sein, sich die Räume zu Beginn oder zum Abschluss anzusehen, um den Fluss der Absprache nicht zu unterbrechen.

Außerdem ist es in der Verkaufsphase besonders wichtig, alle Vereinbarungen und relevanten Einzelheiten auf der entsprechenden Checkliste bzw. dem entsprechenden Formblatt zu notieren.

Abschlussphase

Ist es bis zum Ende der Verkaufsphase noch nicht zu einem offiziellen Kaufabschluss gekommen, muss der Verkäufer jetzt besonders aufmerksam auf so genannte Kaufsignale des Gastes achten. Dies kann der direkte Wunsch nach Vertragsabschluss sein, oder der Veranstalter fragt gezielt nach Sachverhalten, die erst nach der Kaufentscheidung von Bedeutung sind, z. B. die Frage nach den Zahlungsmodalitäten.

Nun kann der Verkäufer den Abschluss zügig einleiten und die wichtigsten Punkte und Argumente noch einmal kurz zusammenfassen.

Nach einem Ausblick auf die weitere Entwicklung der Organisation, also wie man verbleibt, ist es nicht mehr als höflich, sich beim Auftraggeber für die Buchung ausdrücklich zu bedanken.

Mit der gegenseitigen Verabschiedung endet das Verkaufsgespräch.

Verkaufstechniken und Verkaufspsychologie

Der Leitspruch „Wer fragt, der führt!" macht die Anwendung der richtigen Fragetechnik für den Erfolg und das Gelingen des Verkaufsgesprächs besonders deutlich.
Die Fragen werden in zwei Gruppen unterteilt. In der Bankettabsprache werden hauptsächlich Informationsfragen vorherrschen. Dabei wird vom Verkäufer – durch eine direkte und konkrete Frage – versucht, einen Sachverhalt aufzuklären und vom Gesprächspartner eine präzise Antwort zu erhalten. Je nach Situation und Gästetyp können zusätzlich auch taktische Fragen eingesetzt werden.

Die Informationsfragen kann man in zwei Typen einteilen. Die geschlossenen Fragen erwarten lediglich eine Antwort, die aus einem „Ja" oder aus einem „Nein" besteht, und deshalb auch als Entscheidungsfragen bezeichnet werden. Da sie meistens keine Informationen liefern, was der Gast wirklich denkt und welche Bedürfnisse, Wünsche und Erwartungen er hat, sollte mit geschlossenen Fragen, vor allem in der Eröffnungsphase des Verkaufsgesprächs, möglichst sparsam umgegangen werden. Da die geschlossene Frage auch nicht unbedingt zum Sprechen animiert, ist der Verzicht auf diesen Fragetyp auch besonders bei zurückhaltenden Gästen zu empfehlen.

Die zweite Variante der Informationsfragen, die offenen Fragen, umfassen einen wesentlich größeren Informationsgehalt, veranlassen den Befragten, mit einem vollständigen Satz zu antworten, und erreichen dadurch eine umfangreichere Selbstaussage des Gesprächspartners. Da sie immer mit einem Fragewort – wie z. B. Welche? Wer? Was? Wo? Warum? – eingeleitet werden, nennt man sie auch W-Fragen. Mit Hilfe dieser Frageform ist es dem Verkäufer erheblich besser möglich, die Bedürfnisse des Gastes zu erfassen und darauf einzugehen.

Taktische Fragen zielen nicht primär auf die Ermittlung des Gästebedarfs ab und lassen die bereits feststehende Zielrichtung des Fragenden erkennen. Da sie meistens darauf angelegt sind, den Gesprächspartner zu beeinflussen und in eine bestimmte Richtung zu lenken, ist Manipulation bei diesen Fragen nie ganz auszuschließen.

Die häufig angewandte Suggestivfrage enthält oft bereits die gewünschte Antwort, und der Verkäufer rechnet dabei mit einer positiven Reaktion. Der Befragte wird zwar der suggestiven Sogkraft der Frage zunächst erliegen und wunschgemäß reagieren, kann danach aber nochmals über seine Antwort nachdenken und zu dem Schluss kommen, dass er sich etwas aufschwatzen ließ, was in ihm das ungute Gefühl der Übervorteilung hinterlässt. Aus diesen Gründen ist trotz des scheinbar nahe liegenden Verkaufserfolgs der allzu häufige Gebrauch der Suggestivfrage nicht zu empfehlen. Die Verwendung dieses Fragetyps kann sich höchstens bei unsicheren und entscheidungsschwachen Interessenten anbieten.

Über den gezielten Einsatz von geschickter Fragetechnik hinaus muss der geschulte Veranstaltungsberater weitere Instrumente der Verkaufstechnik und -psychologie in der Absprache einsetzen.

Dazu gehören vor allem aktives Zuhören – also dabei beim Zuhören lächeln, nicken und bestätigende kurze Worte benutzen – und den Gast ausreden zu lassen. Der Verkäufer sollte während des Gesprächs Ruhe und Konzentration zeigen und jegliche Ablenkung vermeiden.

Besonders bei schwierigen Gästen muss er Selbstdisziplin üben, Vorurteile vermeiden und sachlich bleiben. Der Erfolg der meisten Verkaufsgespräche ist auch davon abhängig, inwieweit es dem Berater gelingt, den so genannten Sie-Standpunkt zu vertreten und zu betonen und damit den Gast in den Mittelpunkt all seiner Bemühungen zu stellen. Die persönliche Ansprache des Gesprächspartners kann durch die gezielte – aber nicht zu häufige – Verwendung seines Namens erreicht werden. Ein Lob über ihn rundet die Atmosphäre in der Beratung positiv ab.

Gästebetreuung bei Tagungen und Seminaren

Der Philosophie „Der erste Eindruck ist entscheidend und der letzte bleibt!" folgend, ist auch bei Tagungen die Betreuung der Teilnehmer und vor allem des Seminarleiters durch die verantwortliche Person in der Bankettabteilung besonders wichtig.

Der erste Eindruck wird vor allem geprägt durch die freundliche Begrüßung des Tagungsleiters, die ihm das Gefühl vermitteln sollte, bereits erwartet und willkommen zu sein, und dass die Bankettabteilung gut vorbereitet ist. Reist der Seminarleiter bereits am Vorabend der Tagung an, kann man mit einem Willkommensbrief auf seinem Zimmer einen ersten Kontakt mit ihm auf-

nehmen. Nach der Begrüßung stellt man sich als die für die Betreuung der Veranstaltung verantwortliche Person und als Ansprechpartner vor. Anschließend muss ihm der Konferenzraum mit allen Einrichtungen, wie z. B. Beleuchtung, Verdunkelung, Lüftung, Telefon und Funktion der sonstigen technischen Geräte, erklärt werden. Je nach Größe der Bankettabteilung kann auch auf die Lage von Telefonzellen, der Garderobe und der Toiletten sowie auf die Fluchtwege und Notausgänge hingewiesen werden.

Nachdem der Seminarleiter mit den Örtlichkeiten vertraut gemacht wurde, bietet man ihm eine Erfrischung an und klärt die wichtigsten Fragen zum Ablauf der Veranstaltung.

- Gibt es Änderungen bei der Teilnehmerzahl oder beim Zeitablauf?
- Wie werden Mitteilungen oder Telefonate für die Konferenzteilnehmer während der Tagung gehandhabt?
- Wer ist berechtigt, Rechnungsbelege abzuzeichnen?

Während der Veranstaltung, vor allem bei Pausen, ist die verantwortliche Person der Bankettabteilung für den Tagungsleiter präsent und ansprechbar.

Nach Abschluss der Konferenz nimmt man wieder Kontakt zum Seminarleiter auf, erkundigt sich nach dessen Zufriedenheit, um positive und negative Kommentare zu registrieren und später auswerten zu können. Die Frage nach zukünftig geplanten Veranstaltungen, die im Hause abgehalten werden könnten, fördert den Verkauf von künftigen Events. Man bedankt sich beim Veranstalter, begleitet ihn bis zur Hotelhalle und arrangiert gegebenenfalls den Transport von Tagungsmaterial zu seinem Fahrzeug oder organisiert das Taxi zum Bahnhof oder Flughafen. Eine solch aufmerksame Verabschiedung soll den letzten Eindruck des Veranstalters vom Service des Hauses so positiv prägen, dass er sich noch möglichst lange daran erinnern kann und die Leistungen der Bankettabteilung bei nächster Gelegenheit wieder in Anspruch nimmt.

7

Der Service im Veranstaltungsbereich und im Catering

Der Tagungsservice

Die Grundvoraussetzung für den reibungslosen Serviceablauf im Tagungsbereich der Veranstaltungsabteilung ist das Setup (von dem englischen Wort „to set up" = aufstellen) der Tagungsräume und die übrigen Vorbereitungen, die für die Konferenz zu erledigen sind. Das Setup umfasst vor allem das Verschieben mobiler Trennwände und das Stellen des Mobiliars. Es wird in den Bankettabteilungen großer Häuser von speziellem Personal, den so genannten Setup-Men, ausgeführt. Zu den weiteren Vorarbeiten gehören außerdem das Ausstatten der Tische mit Gläsern, Öffnern und Seminargetränken, die gegebenenfalls in speziellen Kühlern stehen. Bei Vortragsveranstaltungen mit einem Rednerpult für die Referenten sollten Mineralwasser und Gläser am Pult für die Vortragenden zur Verfügung stehen. Das Bereitstellen der gewünschten Tagungsmedien und die abschließende Sicht- und Funktionskontrolle runden die Vorbereitungsarbeiten im Raum ab. Die Beschilderung muss aktualisiert und vor dem Tagungsraum ein ausreichend großes Büfett mit der entsprechenden Mise en place für die Konferenzpausen aufgestellt werden. Bei allen Kaffeepausen und Mahlzeiten müssen die bestellten Speisen und Getränke rechtzeitig bereitgestellt bzw. serviert werden. Der mit dem Bankettbüro abgesprochene Zeitplan für die Tagung ist genau einzuhalten. Besonders die Hauptmahlzeiten, wie z. B. das Menü beim Mittagessen, sind zügig zu servieren, da die Teilnehmer oft unter Zeitdruck stehen. In diesem Zusammenhang kommt dem folgenden System zur Organisation der Menüauswahl und des Service beim Essen besondere Bedeutung zu:

Um frühzeitig die Menge der vorzubereitenden Menüs zu erfahren, lässt man die Tagungsteilnehmer diese an Hand einer Menükarte während der Kaffeepause auswählen. Die verschiedenen Gerichte sind darauf mit unterschiedlichen Farben gekennzeichnet, und kleine Kärtchen mit den entsprechenden Farben sind den Speisenvorschlägen beigefügt.

Die Gäste werden nun gebeten, nach der Auswahl ihres Menüs ein gleichfarbiges Kärtchen an sich zu nehmen und es zum Mittagessen mitzubringen. Bei abgezählter Gesamtmenge der Karten kann die Anzahl der gewünschten Menüs berechnet und in der Küche in Auftrag gegeben werden. Bei Beginn der Mahlzeit bittet der Service die Gäste, sozusagen „die Karten auf den Tisch zu legen". Da an Hand der auf den Tischen liegenden Kärtchen mit den verschiedenen Farben vom Servicepersonal erkannt wird, welcher Gast welches Gericht bestellt hat, macht dies die sonst übliche Nachfrage beim Gast überflüssig und damit den Essensservice störungsfreier.

Menükarte mit farblicher Kennzeichnung der unterschiedlichen Hauptgänge zur Auswahl durch die Tagungsteilnehmer und späterer Zuordnung der farbigen Kärtchen beim Service des Essens.

Eine weitere Möglichkeit, mittags den Zeitstress für Tagungsteilnehmer zu mildern, besteht darin, den Gästen ein Lunchbüfett mit Suppen, Salaten und weiteren leichten Speisen und eventuell auch zur Einnahme an Stehtischen anzubieten.

Während der Mahlzeiten und nötigenfalls auch während der Kaffeepausen müssen vom Service die Seminarräume gelüftet und verbrauchte Getränke wieder aufgefüllt werden. Am Ende der Tagung werden die Räumlichkeiten sofort auf liegen gebliebene Sachen überprüft und aufgeräumt. Um eine korrekte Abrechnung für die einzelnen Konferenzen erstellen zu können, muss der Verbrauch an Tagungsgetränken, Kaffee, Tee, belegten Brötchen usw. ständig festgehalten werden. Dazu kann man ein spezielles Formular, wie es auf Seite 228 abgebildet ist, verwenden.

Der Bankettservice

Auch im Bankettbereich sind alle Vorbereitungsarbeiten und die erforderliche Mise en place die Grundlage für die Durchführung eines reibungslosen Service während der Veranstaltung. Im Rahmen dieser Vorarbeiten wird das Mobiliar in den Räumen gestellt, die Tische eingedeckt und die für den Speisen- und Getränkeservice benötigten Materialien hergerichtet. Ganz besonders wichtig ist die Durchführung einer Servicebesprechung kurz vor Beginn der Veranstaltung, bei der alle Servicemitarbeiter über die Stationseinteilung und den Ablauf des Banketts ausführlich informiert werden. Bei großen Extraessen mit Menüservice ist es zweckmäßig, den Service der Gänge mit den Mitarbeitern vorher zu proben.

Die Grundservierregeln

Das Ziel eines professionell durchgeführten Bankettservice ist das gemeinsame und gleichzeitige Bedienen der Gäste an den einzelnen Tischen. Die Grundlagen dafür sind das optimale Zusammenwirken aller Servicemitarbeiter und die Einhaltung der folgenden grundsätzlichen Servierregeln:
Alle Menügänge werden von rechts den Gästen eingesetzt und die benutzten Teller auch von rechts wieder ausgehoben.

Alle Getränke werden von der rechten Seite des Gastes eingeschenkt bzw. eingesetzt und ausgehoben.
Lediglich die Gedeckteile und Speisen, die üblicherweise ihren Platz auf der linken Seite des Gedecks haben, werden demzufolge auch von der linken Seite eingesetzt und abgeräumt.
Beim Einsetzen, Einschenken und Ausheben bewegen sich die Servicekräfte grundsätzlich im Uhrzeigersinn um frei stehende Tische.
Alle Speisen, die auf Platten angerichtet sind, werden von links den Gästen vorgelegt oder zur Selbstbedienung angeboten bzw. dargereicht.
Bei der Durchführung dieser Serviervorgänge ist die Laufrichtung gegen den Uhrzeigersinn.
Beim Menüservice werden höchstens 3 Teller auf einmal von der Servicekraft getragen, bei Tellerservice mit Cloches nicht mehr als 2 Teller.
Es werden höchstens 6 Teller auf einmal abgeräumt.
Auch im Bankett gilt, dass zuerst der oder die Ehrentische bzw. die Ehrengäste bedient werden.
Bei kurzer Abwesenheit eines Gastes am Tisch darf an diesem Platz erst dann wieder serviert werden, wenn er zurückgekehrt ist.

Grundregeln zum Abräumen im Speisenservice

Am Tisch werden zuerst die Teller mit den abgelegten Bestecken und eventuell verbliebenen Speiseresten von Gast zu Gast stets vorwärts gehend ausgehoben, dann erst die auf dem Tisch verbliebenen Schüsseln und Saucieren. Teller, Bestecke, Beilagenschüsseln und Saucieren sowie alles übrige Tafelzubehör werden mit der rechten Hand unter Anwendung unterschiedlicher Tragetechniken ausgehoben. Nach dem letzten Fleischgang werden auch das Salz und sonstige Würzmittel abgeräumt; es sei denn, ein Käsegang folgt. Das Gleiche gilt für den Brotteller. Der Platzteller wird üblicherweise nach dem Dessert abgeräumt. Wird das Dessert allerdings auf einem sehr großen Teller angerichtet, kann der Platzteller bereits nach dem Hauptgang ausgehoben werden.
Die Teller werden am Abstellplatz in der Spülküche oder im Office ordentlich gestapelt und die Bestecke fachgerecht nach den festgesetzten innerbetrieblichen Regeln vorsortiert oder nur in den dafür bereitgestellten Behältern abgelegt. Unterschiedliches Geschirr und auf den Tellern liegende Speisereste erfordern eine schnelle Wahl einer der folgenden und passenden Tragetechniken.

Zweiersystem mit Obergriff

Der ausgehobene Teller wird in die linke Hand genommen, wobei der Daumen entlang des Tellerrands zu liegen kommt und der Teller mit dem Zeigefinger und Mittelfinger stabilisiert wird.

Der 2. Teller wird auf den Handballen und den Unterarm gesetzt; abgestützt wird mit dem Ringfinger und kleinen Finger. Auf dem Trageteller wird die 1. Gabel mit dem Daumen festgehalten und das Messer unter deren Rücken geschoben. Die weiteren Gabeln werden in gleicher Weise abgelegt und die Messer untergeschoben, so dass alle abgelegten Bestecke wie ein Kreuz auf dem Teller liegen.

So kann das Besteck geordnet und gegen Herunterfallen gesichert werden. Alle weiteren Teller werden auf dem Handballen gestapelt, und das Besteck wird wie beschrieben abgelegt. Kleine Speisereste werden an die Tellerseite neben das Besteck vom Teller geschoben.

Bei Suppentellern und großen Suppenlöffeln wird in gleicher Weise verfahren.

Die Servicekraft räumt bis zu 6 Teller auf einmal ab.

Dreiersystem mit Untergriff

Diese Tragetechnik wird vor allem dann praktiziert, wenn beim Abräumen größere Speisereste auf den Tellern liegen, wie zum Beispiel bei Geflügel oder Fisch.

Der 1. Teller wird, wie beim Zweiersystem beschrieben, in die linke Hand genommen und stabilisiert.

Der 2. Teller wird rechts davon untergeschoben und mit dem Ringfinger und kleinen Finger abgestützt.

Der 3. Teller wird auf den Handballen und Unterarm gesetzt und mit dem untergeschobenen Teller gestützt. Auf dem 1. Teller werden die Bestecke wieder wie ein Kreuz abgelegt, der untere Teller nimmt die Speisereste auf. Auf dem Handballen und Unterarm werden bis zu 4 Teller gestapelt.

Alle erwähnten Servierregeln können nur bei optimalen Rahmenbedingungen angewandt und durchgeführt werden. Ist zu befürchten, dass der Gast durch Einhaltung der Regeln gestört würde, ist auf deren Anwendung zu verzichten.

Darüber hinaus ist zu berücksichtigen, dass die Wege zum Gast kurz zu halten sind und auch bei Anwendung aller Servicetechniken so wenig wie möglich umständlich gearbeitet wird. Ein geschulter Servicemitarbeiter wird mit Aufmerksamkeit und Einfühlungsvermögen die jeweilige Situation am Tisch der Gäste erkennen und einschätzen können und dann jeweils die erforderlichen Servicehandlungen durchführen.

Der Getränkeservice

Grundsätzlich muss dafür Sorge getragen werden, dass die bestellten Getränke, wie vor allem die Weine und Schaumweine, die erforderliche Serviertemperatur aufweisen.

Besonders bei größeren Feiern wird kurz vor der Veranstaltung eine angemessene Anzahl – ausreichend für den ersten Weinservice bei allen Gästen – von Weinen geöffnet, vom Bankettleiter bzw. vom Sommelier durch Degustation auf mögliche Fehler überprüft und gegebenenfalls dekantiert. Werden mehrere Weine für ein Bankett im Office geöffnet und geraten dabei Korkbrösel in den Wein, so können diese Korkreste nur dadurch entfernt werden, dass aus einer zweiten Flasche des gleichen Weins bis zum Überlaufen nachgefüllt wird. Das häufig angewandte ruckartige Abschütten des Weins ist fachlich unkorrekt.

Getränke in Portionsflaschen werden nach Bedarf geöffnet und auf einem Tablett zum Gästetisch getragen. Sie werden dann in die dazu bestimmten Gläser eingeschenkt. Auch das Mineralwasser wird beim Bankett den Gästen am Tisch eingegossen. Lediglich wenn bei einem Bankett nur wenige Servicemitarbeiter eingesetzt werden können, stellt man die Flaschen – nach Möglichkeit in Isolationskühlern aus Plexiglas – auf den Tischen zur Selbstbedienung ein. Das Einsetzen der Weinflaschen auf den Tischen ist grundsätzlich zu unterlassen, es sei denn, der Veranstalter wünscht dies ausdrücklich.

Wein- oder Schaumweinflaschen werden wegen der Bruchgefahr grundsätzlich nicht auf einem Tablett, sondern in der Hand getragen.

Rotweinflasche, mit Drop-Stop-Folie ausgestattet, welche beim Einschenken das Nachtropfen des Weins verhindert.

Für den Service von Rotweinen können die so genannten Drop-Stop-Folien (aus dem Englischen = Tropfenstopp) verwendet werden. Die kreisförmigen, dünnen Kunststoff-Folien mit einem Durchmesser von etwa 7,5 cm werden zusammengerollt in die Öffnung der Weinflasche gesteckt, verhindern so beim Einschenken des Weins das Tropfen und vermeiden infolgedessen die Rotweinflecken auf den Tischdecken.

Alle Weine werden den Gästen von rechts eingeschenkt, und nur bei leeren Gläsern wird unaufgefordert nachgeschenkt. Befindet sich beim Nachservieren noch Wein im Glas, so ist der Gast vorher zu fragen, ob nachgeschenkt werden darf.

Bei den meisten Veranstaltungen mit Menüservice werden verschiedene Weine korrespondierend zu den einzelnen Gängen nacheinander serviert. Es ist beim Weinwechsel darauf zu achten, dass erst der nächste Wein den Gästen eingeschenkt wird und dann die leeren und benutzten Gläser des vorigen Weins ausgehoben werden. Befindet sich noch ein Weinrest im Glas, fragt man den Gast, ob das Glas mitgenommen werden darf. Das Abräumen der Gläser hat grundsätzlich mit einem Tablett zu erfolgen.

Bei den Veranstaltungen, bei denen verschiedene Weine gleichzeitig zur Wahl angeboten werden, präsentiert man sie den Gästen von rechts und hält dabei die Flaschen so, dass der Gast die Etiketten bequem lesen kann. Anschließend wird von rechts eingeschenkt.

Bei manchen Veranstaltungen kommt auch der Getränkeservice vom Wagen in Betracht. Beispielsweise werden Digestifs (französische Bezeichnung für verdauungsfördernde Getränke nach dem Essen) auf speziellen Wagen den Gästen am Tisch präsentiert und serviert. Da hierbei eine einheitliche Portionierung zweckmäßig ist, kann man die Flaschen mit speziellen Dosierkolben versehen.

Die Füllung der Glaskugel des Dosierkolbens entspricht etwa 2 Zentilitern.

Öffnen von Weinflaschen am Tisch der Gäste

Bei kleineren Bankettveranstaltungen können die Flaschen am Tisch der Gäste geöffnet werden.

Voraussetzung für einen fachlich korrekten Service von Wein ist die fachgerechte Lagerung und Temperierung. Jede hastige Bewegung und Erschütterung beim Transport ist zu vermeiden, da dies – besonders bei hochwertigen Weinen – zu Qualitätsverlusten führt.

Der bestellte Wein wird, nachdem die dafür vorgesehenen Gläser eingesetzt und der Servicetisch vorbereitet ist, in der gefalteten Serviette dem Besteller präsentiert. Nach der Zusage des Gastes wird die Flasche auf dem Servicetisch abgesetzt und die Flaschenkapsel entfernt. Wir unterscheiden bei den Flaschenkapseln folgende Arten:

Siegellack – nur noch bei speziellen Qualitätsweinen als historisch bedingtes Material üblich
Stanniolkapseln – früher aus Zinnfolie, heute meist aus dünner Aluminiumfolie
Kunststoffkapseln – aus geschmacksneutralen Kunststoffen unterschiedlicher Dicke und Festigkeit
Kapseln mit Reißfäden – eine Soll-Trennstelle erleichtert das Abtrennen der Kapsel

Siegellack wird durch leichtes Schlagen mit dem flachen, geschlossenen Kellnermesser auf den oberen Flaschenrand aufgebrochen. Die dabei abspringenden Siegellackteile werden von einer untergelegten Serviette aufgenommen und später entfernt. Der obere Glasrand des Flaschenhalses muss freigelegt sein, bevor der Korkenzieher angesetzt wird.

Kapseln aus **Stanniol** oder **Kunststoff** werden mit dem scharfen Messer des Hebelkorkenziehers am unteren Wulstrand der Flasche glatt abgeschnitten und abgehoben.

Meist wird als Regel gelehrt, dass bei Weißweinflaschen der obere, bei Rotweinflaschen der untere Wulstrand als Schnittführung dient. Diese Regel war bedingt durch die früher übliche Verwendung von Zinnfolie als Kapsel. Da der obere Wulstrand bei Rotweinflaschen aus konstruktionstechnischen Gründen näher am Flaschenmund liegt als bei Weißweinflaschen, konnte beim Ausschenken eine Geschmacksbeeinträchtigung entstehen, wenn der Wein mit der Zinnfolie in Berührung kam. Zinnfolie wird heute kaum noch verwendet. Andererseits kann die Freilegung des gesamten Wulstrands auch bei hochwertigen Weißweinen, besonders bei älteren Jahrgängen, das Reinigen des Flaschenmunds vor dem Entkorken erheblich erleichtern. Deshalb ist der untere Wulstrand als Schnittführung für alle Weinarten zu empfehlen. **Kapseln mit Reißfäden** können auch mit diesen geöffnet werden. Im Service ist jedoch darauf zu achten, dass glatte Trennkanten erreicht werden.

Das Abschneiden der Stanniolkapsel unter dem Wulst bietet den Vorteil, dass man beim Schneiden eine gute Führung hat und das Messer nicht so leicht abrutschen kann.

Nach dem Entfernen des Kapseloberteils werden der Flaschenmund und die Oberseite mit einer Papierserviette sorgfältig gereinigt. Beim Entkorken bleibt die Flasche ruhig auf dem Beistelltisch stehen. Das Ein- und Herausdrehen des Korkenziehers muss gleichmäßig und ruhig erfolgen, ohne dass dabei die Flasche bewegt wird. Wichtig ist, dass der Korkenzieher in der Korkenmitte eingedreht wird. Bei Arbeitsgeräten mit Seelenachse – eine gedachte Linie der Länge nach durch die Mitte der Spirale – bedeutet das, dass die Spitze der Spirale etwas außerhalb des Korkenmittelpunkts anzusetzen ist. Ein Durchstoßen des Korkens mit dem Korkenzieher ist zu vermeiden. Bei besonders langen Korken, z. B. bei Bordeauxweinen, kann der Zapfen mit der Hand entfernt werden, wenn der Korkenzieherhebel nicht mehr angesetzt werden kann.

Entstehen beim Entfernen des Korkens Schwierigkeiten, wie z. B. das Ausbrechen der Spirale oder das Abbrechen des Korkenoberteils, wird der Besteller/Gastgeber informiert und die Flasche am Büfett oder im Office geöffnet. Die Korkenkontrolle durch Augenschein und Riechen kann, ebenso wie der Probeschluck, vom Besteller oder von der Servicekraft vorgenommen werden. In beiden Fällen wird der Korken auf einem Teller abgelegt. Übernimmt die Servicekraft die Verkostung des Weins, wird dafür ein spezielles Glas auf dem Servicetisch bereitgehalten. Nach dem Probeschluck des Bestellers bzw. Gastgebers werden die Gläser aller Gäste gefüllt. Grundsätzlich wird von der rechten Seite des Gastes eingeschenkt. Die Servicekraft umschließt mit sicherem Griff die Flasche in der rechten Hand und führt diese etwas über den Rand des Glases hinweg.

Die Füllmenge richtet sich dabei nach der Weinart und der Kelchgröße des jeweiligen Glases. Sie werden bei Weiß- und Roséweinen zu $2/3$, bei Rotweinen zu $1/4$ bis $1/3$ und bei Schaumweinen zu $2/3$ gefüllt.

Die Flasche wird völlig frei gehalten und darf niemals auf den Glasrand aufgelegt werden. Beim Einschenken muss das Etikett für den Gast sichtbar bleiben. Der Wein oder das Getränk muss fließend und ohne Bildung von Luftblasen eingeschenkt werden.

Dekantieren von Weinen am Tisch der Gäste

Als Dekantieren bezeichnet man das Umfüllen von Rotweinen aus der Flasche in eine Karaffe, die auch kurz Dekanter genannt wird. Der Sinn des Dekantierens besteht hauptsächlich darin, das Depot älterer (ab 4 bis 6 Jahre) Rotweine vom klaren Wein zu trennen. Unter Depot versteht man dabei Ablagerungen von Gerbstoffen, die sich im Rotwein nach der Holzfasslagerung, z. B. im Barriquefass, bilden und sich im Verlaufe der Flaschenlagerung am Boden der Flasche niederschlagen. Außerdem kann man Weine, die sehr gerbstoffbetont sind, durch das Dekantieren mit Sauerstoff anreichern und damit die mitunter harte Gerbstoffnote im Aromabild mildern.

Alte Rotweine mit Depot, die am Tisch dekantiert werden sollen, werden mit dem Etikett nach oben im Dekantierkorb an den Tisch gebracht. Das Einbetten der Flasche in den Korb muss sorgfältig und ohne Erschütterung unter Beibehaltung der Lagerungslage der Flasche geschehen, damit das Depot nicht bewegt wird.

Der Wein im Korb wird mit der Dekantierkaraffe auf dem Servicetisch abgestellt. Die dort aufgestellte Kerze wird angezündet. Die Flaschenkapsel wird, ohne die Flasche zu bewegen, abgelöst und der äußere Flaschenmund vor dem Entkorken mit einer Papierserviette gereinigt.

Der Korken wird vorsichtig, ohne die Flasche zu bewegen, mit dem Hebelkorkenzieher herausgezogen. Dabei ist zu beachten, dass die Korken von Bordeauxweinen durch ihre besondere Länge mehr Hebelkraft erfordern. Der Korken wird zuletzt vorsichtig mit drehender Bewegung herausgezogen.

Meistens liegen die Flaschen im Weinkorb in einem ausreichend steilen Winkel, so dass beim Entkorken kein Wein ausfließen kann. Bei flacher liegenden Flaschen ist vor dem Öffnen des Weins ein umgedrehter kleiner Teller unter die Spitze des Dekantierkorbs zu legen, um damit den Winkel zu vergrößern.

Mit dem unteren Ende des Korkens kann der innere Flaschenmund von Schmutzpartikeln gereinigt werden. Der Korken wird dem Gastgeber bzw. Besteller auf einem Silberteller präsentiert.

Nachdem das Glas für den Probierschluck am Dekantierkorb platziert wurde, schenkt man dem Gastgeber bzw. Besteller aus dem Korb einen Probeschluck ein und dekantiert nach dessen Zustimmung den Wein. Alternativ kann man den Probeschluck aus der Flasche vorsichtig in die Karaffe einschenken, diese mit dem Wein etwas schwenken und dann aus der Karaffe in das Probierglas eingießen.

Zum Dekantieren wird der Weinkorb in der rechten Hand direkt über der Flasche gehalten; die Dekantierkaraffe wird in die linke Hand genommen. Das Umfüllen erfolgt so, dass das Kerzenlicht den Weinfluss aus der Flasche in die Karaffe durchleuchtet. Der Umfüllvorgang sollte langsam und geräuschlos ablaufen und wird dann abgebrochen, wenn im Weinfluss die ersten Depotrückstände auftreten.

Die Gläser werden mit der linken Hand ausgehoben und der dekantierte Wein aus der Karaffe in das schräg zu haltende Glas eingeschenkt.

Bordeauxwein im Dekantierkorb aus Silberdraht und Kristalldekanter mit verziertem Verschluss.

Service von Schaumweinen

Man präsentiert die gekühlte Flasche dem Gast. Wird sie im Kübel bereitgestellt, trocknet man sie vorher mit einer Serviette ab.

Mit der durch die Serviette geschützten linken Hand hält man die aufgesetzte Flasche leicht schräg.

Der Drahtkorb, den man auch mit dem Fachbegriff Agraffe bezeichnet, wird durch Abdrehen der Schlinge geöffnet, wobei der Daumen der linken Hand zur Sicherung des Korkens aufgelegt ist. Ist der Drahtkorb offen, wird dieser mit der Kapsel entfernt.

Man fasst mit der einen Hand den Korken und dreht mit der von der Serviette geschützten anderen Hand die Flasche.

Den durch Innendruck sich lösenden Korken nimmt man durch leichten Gegendruck der Hand ohne Geräusche ab.

Wenn nötig, säubert man mit der Serviette oder der Unterseite des Naturkorkens den Flaschenmund.

Beim Einschenken von Schaumweinen ist es der Servicekraft gestattet, die Gläser vom Tisch auszuheben.

Nur dann ist es möglich, das Glas, das dabei schräg zu halten ist, in einem Zug zu füllen.

Lediglich hohe Gläser sind für den Service von Schaumweinen geeignet, da sie Temperatur, Bukett und Mousseux am besten erhalten. Spezielle Gläser mit Moussierpunkt, die im Kapitel Materialkunde bereits erwähnt wurden, sind empfehlenswert.

Die Serviermethoden im Serviceablauf

Um den Ablauf der Veranstaltung zu optimieren, muss der Getränke- und Speisenservice vorab genau überlegt sein.

Die Serviceeinteilung, die schriftlich festgelegt wird, bestimmt die Zuständigkeiten der jeweiligen Mitarbeiter während des Events. Diese Einteilung kann – vor allem bei Großveranstaltungen – auch mit Hilfe einer Raumskizze als Übersichtsplan vorgenommen werden. Dazu werden auf diesem Plan mehrere Tische zu Stationen zusammengefasst.

Aus dem Plan muss hervorgehen, welche Servicekraft für welche Tätigkeit in der jeweiligen Station verantwortlich ist. Die Größe der Stationen ist abhängig von der Art und dem Serviceumfang der Veranstaltung sowie von der Anzahl der verfügbaren Servicekräfte. Bei Banketten mit Büfetts, bei denen sich die Gäste selbst bedienen

und das Servicepersonal hauptsächlich die Getränke servieren und abräumen muss, können die Servicestationen durchaus größer sein.

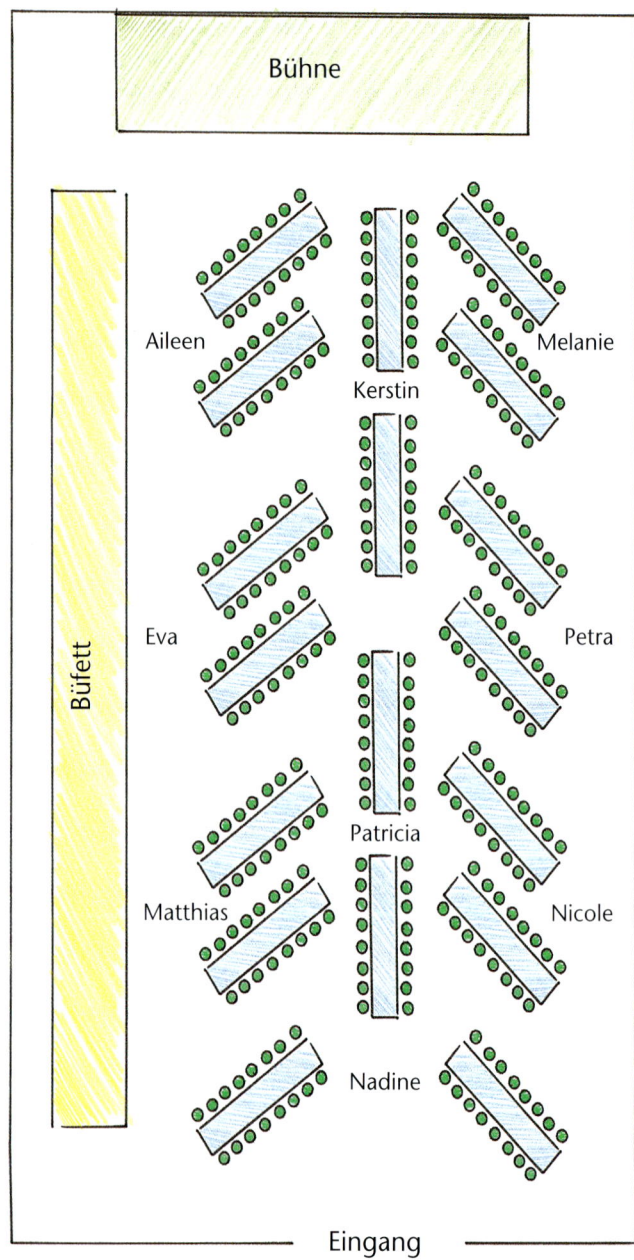

Beispiel für die Einteilung der Servicestationen bei einer Jubiläumsveranstaltung mit kalt-warmem Büfett für 288 geladene Gäste.

Tellerservice an Einzeltischen

Nachdem die Stationen für den Getränkeservice bestimmt und aufgeteilt wurden, teilt man die Servicebrigade in Gruppen ein, welche die Menügänge den Gästen Tisch für Tisch nacheinander servieren. Die Größe des jeweiligen Serviceteams ergibt sich aus der Gästezahl pro Tisch und der Regel, dass von der einzelnen Servicekraft höchstens 3 Teller auf einmal getragen werden. So benötigt man z. B. für den Menüservice an einem runden Tisch mit 8 Personen 3 Servicemitarbeiter (2 Personen tragen jeweils 3 Teller, und 1 Person trägt 2 Teller). Zusätzlich ist von den Servicekräften beim Transport der Menügänge zum Tisch der Gäste eine sinnvolle Reihenfolge einzuhalten. Dies bedeutet, dass der Mitarbeiter, der den längsten Weg zum Tisch hat, auch als Erster in der Gruppe vorangeht. Ist das Team am Tisch angekommen, bleiben alle Servicekräfte kurz hinter den Gästen stehen, die sie jeweils als Erstes bedienen werden. Das Team hält nun Blickkontakt miteinander, setzt auf ein optisches, nicht mündliches Zei-

chen einer Servicekraft den Menügang bei den jeweiligen Gästen ein und bedient anschließend zügig die übrigen Gäste. Werden bei großen Veranstaltungen mehrere Tische auf einmal bedient, so kann das Zeichen zum gleichzeitigen Einsetzen an allen Tischen auch von der Serviceleitung gegeben werden. Bei den folgenden Servicegängen laufen die Servicekräfte im Veranstaltungsraum auf den Serviceleiter zu, der ihnen mit einem diskreten Handzeichen die Tische bzw. Plätze zeigt, an denen die Essen noch eingesetzt werden müssen. Er ist auch dafür verantwortlich, dass kein Gast beim Service vergessen wird.

Sind im Rahmen eines Menüservice einzelne Gänge unter Einsatz von Cloches zu servieren, so ist darauf zu achten, dass nach dem Einsetzen aller Teller am Tisch die Cloches von den Servicekräften gleichzeitig bei allen Gästen abgehoben und dabei sofort mit der Öffnung nach oben gedreht werden. Diese Vorgehensweise verhindert, dass Kondenswassertropfen aus den Tellerhauben die Kleidung der Gäste möglicherweise verschmutzen.

Erläuterungen:
Je mehr Servicekräfte an einem Tisch die Gäste gleichzeitig bedienen, umso wichtiger ist es, den Tisch beim Einmarsch zu umrunden. Sind alle an ihren Positionen zum ersten Einsetzen angekommen, bleiben sie jeweils hinter den Gästen stehen, nehmen zu einer Servicekraft – dies könnte in diesem Beispiel Carola sein – Blickkontakt auf, und setzen auf ihr Zeichen gleichzeitig den Menügang ein. Danach wird im Uhrzeigersinn weiter serviert. Nach dem Einsetzen wird zum Ausmarsch die Runde um den Tisch fortgesetzt.

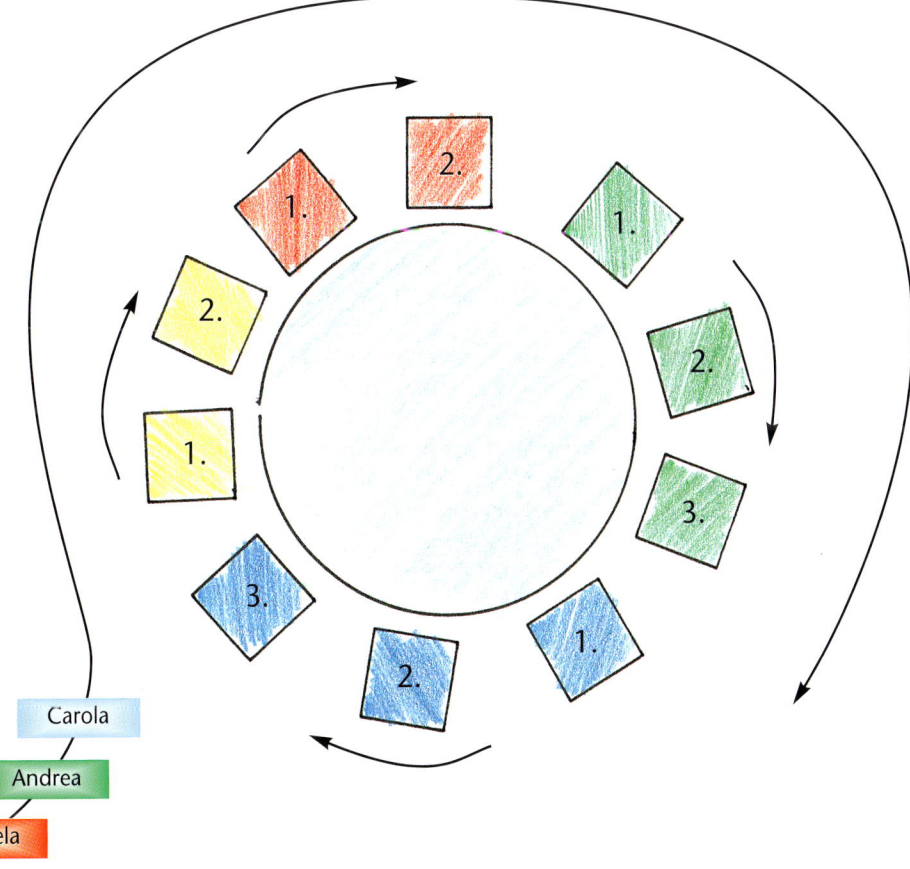

185

Beispiel für den Serviceablauf bei einem Staatsbankett

Anlass:
Abendessen, gegeben vom Ministerpräsidenten für die Mitglieder des Konsularischen Korps im Neuen Schloss
Gästezahl: 98
Raum: Speisesaal im Neuen Schloss
Servicekräfte: 18

Menü von den Meisterköchen der Meistervereinigung Gastronom

Menü:

*Variationen von Bodenseefischen
mit Senfcreme und kleinem Salatbukett*

***

*Entenkraftbrühe
mit Ravioli von Gänseklein und Maronen*

***

*Rehrücken mit Nusskruste
Holunderbeerensauce
Steinpilzflan
Gefülltes Wirsingköpfchen
Schupfnudeln*

***

Dialog von heimischen Früchten

***

*Mokka
Feingebäck*

Weine:
*2000er Auggener Schäf
Gutedel Kabinett trocken*

*1999er Maulbronner Eilfingerberg Klosterstück
Riesling Kabinett trocken*

*2000er Blankenhornsberger
Spätburgunder Rotwein Kabinett trocken*

*Kessler Hochgewächs
Sondercuvée Staatsministerium*

Erläuterungen zum Serviceablauf

Bei einem Staatsbankett wird auf einen exzellenten Service, bei dem möglichst zügig alle Gäste gemeinsam bedient werden, Wert gelegt. Deswegen werden verhältnismäßig viele Servicekräfte eingesetzt, die die einzelnen Menügänge in 2 Etappen an allen Tischen gemeinsam einsetzen. Auch der erste Getränkeservice erfolgt gemeinsam und auf ein Zeichen der Serviceleitung. Das Servicepersonal trägt beim Speisenservice üblicherweise weiße Handschuhe.

Die Einteilung der Getränkestationen ist aus dem nebenstehenden Tischplan ersichtlich. Außer dem Service der Getränke wie Weine, Mineralwasser, Kaffee usw. umfassen diese Verantwortungsbereiche auch das Vorlegen bzw. Anbieten von Brot und Butter sowie das Abräumen der Menügänge. Im gehobenen Bankettservice sollte grundsätzlich alles den Gästen serviert und nicht auf den Tischen zur Selbstbedienung eingesetzt werden. Alle Menügänge werden durch die Servicebrigade, die in der nachstehenden Reihenfolge einmarschiert, an den Tischen gemeinsam und auf Zeichen den Gästen serviert. Dabei tragen alle Servicekräfte jeweils 3 Teller, lediglich 4 Servicemitarbeiter, die beim ersten Einmarsch am Ehrentisch bedienen, servieren bei jeweils 2 Gästen.

1. Einmarsch		2. Einmarsch	
Romy Franziska	Tisch 7	Ann-Kathrin Sabine	Tisch 15
Ann-Kathrin Sabine	Tisch 6	Romy Franziska	Tisch 14
Diane Christina	Tisch 2	Diane Christina	Tisch 9
Uta Ulf	(Ehrentisch) Tisch 1	Melanie Jessica	Tisch 8
Melanie Jessica	(Ehrentisch) Tisch 1	Björn Katja	Tisch 10
Björn Katja	(Ehrentisch) Tisch 1	Kathrin Sibylle	Tisch 11
Kathrin Sibylle	Tisch 3	Kerstin Sandra	Tisch 12
Kerstin Sandra	Tisch 4	Nadine Nicole	Tisch 13
Nadine Nicole	Tisch 5	Uta Ulf	Getränke

Tischplan mit Einteilung der Getränkestationen

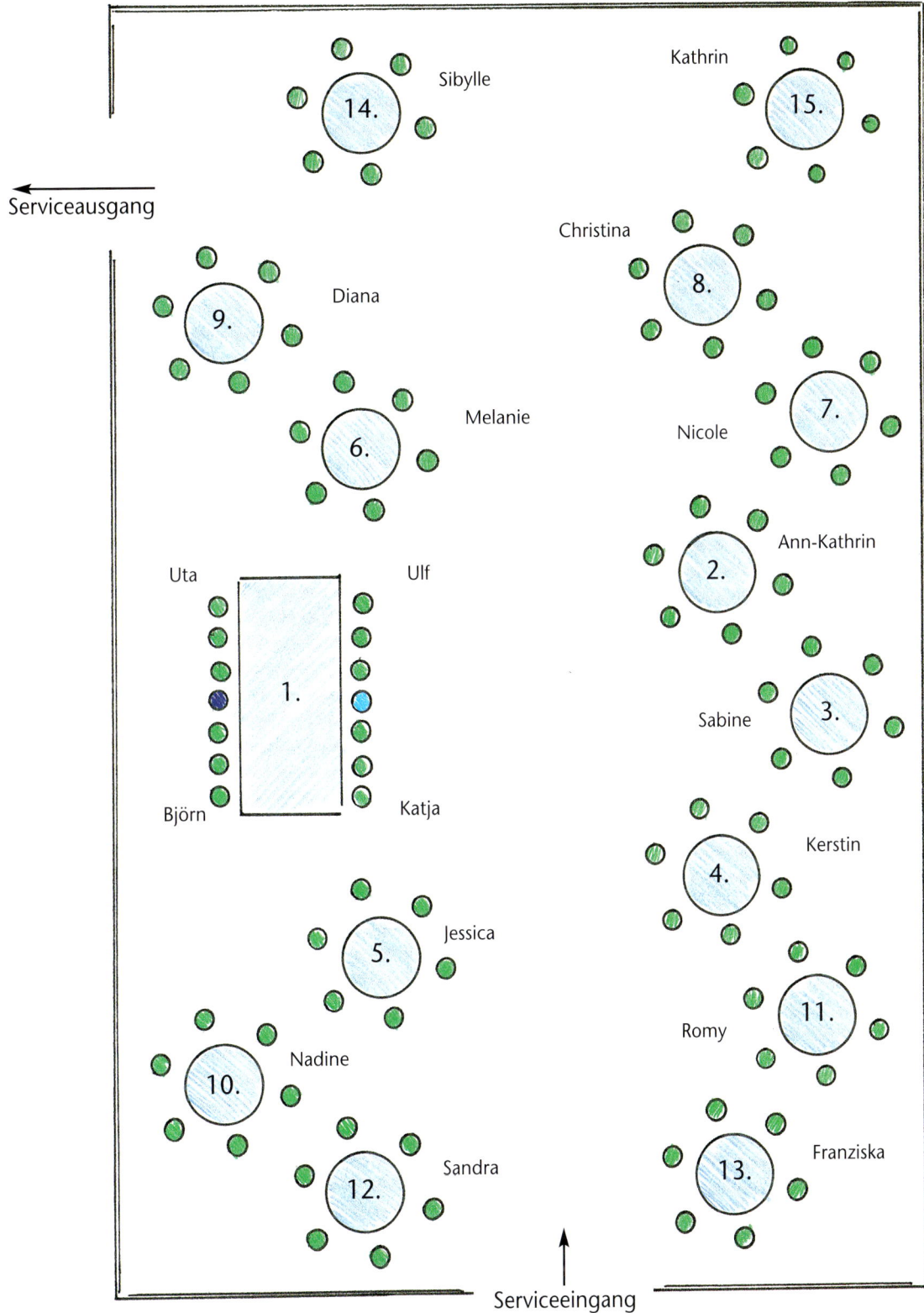

Tellerservice an einer geschlossenen Tafel

Für den Getränkeservice wird die Tafel in mehrere Zonen eingeteilt, die den einzelnen Servicekräften zugewiesen werden. Beim Menüservice wird bei den Ehrengästen begonnen, wobei auch hier zu beachten ist, dass nach Möglichkeit zumindest der erste Servicegang gemeinsam und gleichzeitig erfolgen sollte.
Danach werden alle weiteren Gäste nacheinander bedient und dabei darauf geachtet, dass niemand vergessen wird.

Wird zum Hauptgang ein Salat als Beilage serviert, wird dieser mit einer angelegten Mittelgabel links vom Gast eingesetzt. Bleibt der Brotteller, wie es fachlich richtig ist, bis zum letzten Hauptgang auf dem Tisch stehen, dann wird er nach oben geschoben und der Salatteller darunter eingesetzt. Nach Möglichkeit sollte der Salat nach dem Einsetzen des heißen Tellers mit dem Hauptgang serviert werden. Geschieht dies vorher, wird der Salatteller oft von den Gästen in der Gedeckmitte platziert. Das erhebt die Beilage zum Zwischengericht und stört den Serviceablauf.

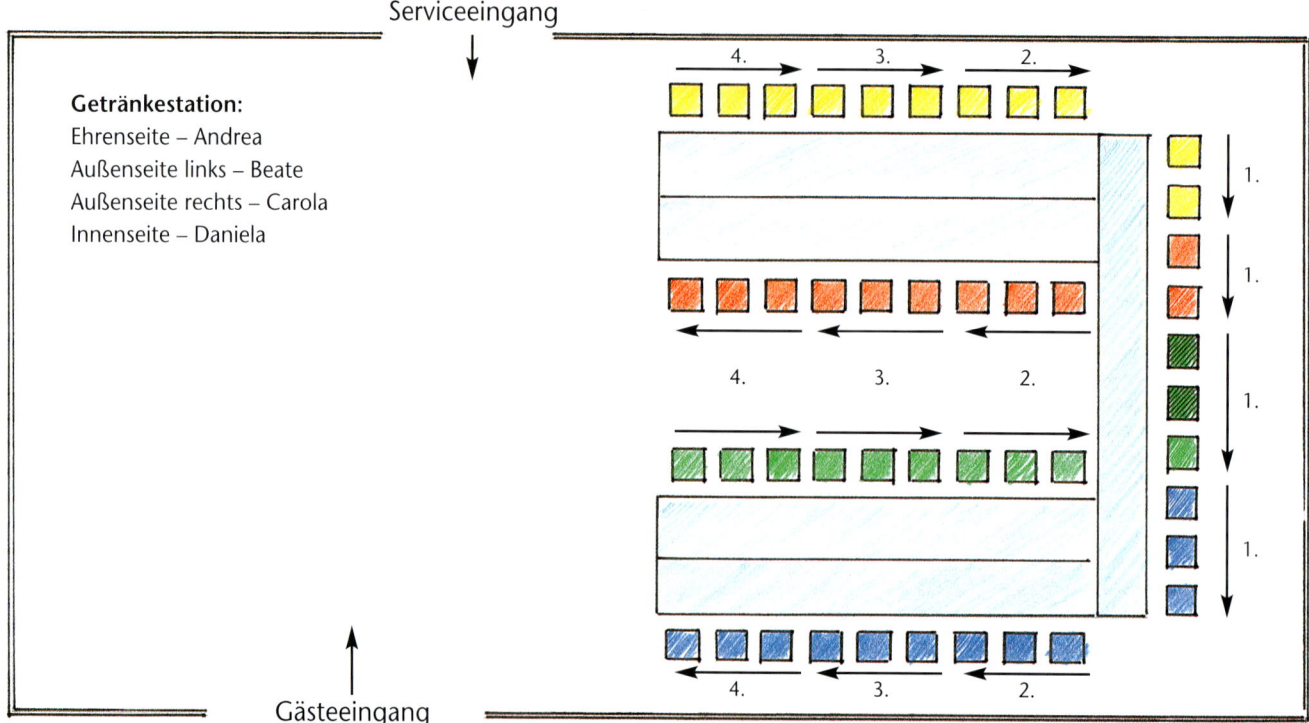

Erläuterungen zum Menüservice:
Die 4 Servicekräfte müssen bei jedem Menügang 4-mal laufen, um alle Gäste zu bedienen. Die Laufrichtung beim Einsetzen ist jeweils von rechts nach links, also im Uhrzeigersinn. Die Reihenfolge des Einmarschs richtet sich nach dem jeweils längsten Weg zum Gast und ist demzufolge:

Beim jeweils 1. Einmarsch servieren Beate und Daniela nur bei 2 Gästen an der Ehrenseite.

Beispielskizze für die Einteilung des Serviceablaufs bei einer Silberhochzeit mit 46 Gästen an einer U-Tafel.

Plattenservice

Beim Vorlegeservice werden die Hauptbestandteile des Gangs und die Beilagen grundsätzlich von der linken Seite des Gastes vorgelegt. Die Platte wird dazu auf der flachen linken Hand getragen und kann auf dem Tisch abgestützt stabilisiert werden. Der Plattenrand wird dabei über den Tellerrand gehalten, um jedes Abtropfen von Sauce auf das Tischtuch zu vermeiden. Die Service-kraft benutzt den Vorlegegriff: Großer Löffel und große Gabel liegen ineinander.

Beim Anrichten und Vorlegen werden die Speisen nach der klassischen Regel wie folgt aufgelegt: der Hauptbestandteil des Gangs auf die vordere Tellerhälfte, rechts oben das Gemüse, links daneben die Sättigungsbeilage.

Ist der Hauptbestandteil des Gangs ohne Sauce ange-richtet, wird dieser, je nach Saucenart, nappiert oder umgossen.

Legen mehrere Servicekräfte am Tisch den Gästen nacheinander vor, ist zu beachten, dass keinesfalls 2 ne-beneinander sitzende Personen gleichzeitig bedient werden und damit eine von ihnen von den Servierenden behindert wird.

Eine besondere Variante des Plattenservice im Bankett ist der so genannte Darbieteservice, der heutzutage nur noch in gehobenen Gesellschaftskreisen und beim Hochadel durchgeführt wird. Bei diesem Service werden alle Speisen von links dargeboten. Das Vorlegegut muss in der Küche so auf der Platte angerichtet werden, dass der Gast es leicht erreichen kann. Das Vorlegebesteck ist in der Weise auf der Platte platziert, dass der Gast es mit

beiden Händen gut handhaben kann. Er nimmt die Speisen selbst von der Platte auf seinen Teller und darf dabei von der Servicekraft keinesfalls beengt werden. Hat der Gast sich bedient, muss das Besteck wieder fachgerecht angelegt und, falls es in die Platte rutschte, sofort ausgetauscht werden.

Beim Servieren vom Beistelltisch werden die Speisen von der Platte auf einem Vorlegetisch auf die Teller angerich-tet. Dabei gelten die Regeln des Vorlegeservice ent-sprechend. Die Servicekraft arbeitet beim Anrichten grundsätzlich mit beiden Händen – Löffel rechts, Gabel links – und setzt die angerichteten Teller dann den Gästen von rechts ein.

Eine Mischform des Plattenservice ist das Vorlegen des Hauptbestandteils eines Gangs von der Platte, während die Sättigungsbeilage und das Gemüse in Légumiers (Beilagenschalen, der Fachbegriff ist von dem französi-schen Wort „légume" = Gemüse abgeleitet) auf den Tischen zur Selbstbedienung eingesetzt werden. Die Gäste nehmen sich die Beilagen selbst und reichen sich untereinander die Schüsseln zu. Es ist dabei darauf zu achten, dass an den Schalen jeweils ein komplettes Vor-legebesteck, also großer Löffel und große Gabel, ange-legt ist. Nur bei Reis, Erbsen und natürlich der Sauce ist lediglich ein großer Löffel erforderlich.

Service von Tabakwaren

Da für viele Gäste das Rauchen nach einem guten Essen und in geselliger Runde zum genussvollen Leben dazugehört, muss auch in der Bankettabteilung die Verfügbarkeit von Zigaretten und Zigarren gewährleistet sein und darauf geachtet werden, dass der Service fachgerecht durchgeführt wird.

Bei Zigaretten wird die vorher geöffnete Packung auf einem kleinen oder Mittelteller mit angelegten Zündhölzern dem Gast am Tisch eingesetzt. Aus hygienischen Gründen dürfen keine Zigaretten herausgezogen sein.

Besondere Aufmerksamkeit sollte man der Lagerung, der Pflege und dem Servieren von Zigarren widmen. Die Nachfrage der Gäste bei Zigarren bezieht sich heutzutage hauptsächlich auf handgemachte Zigarren verschiedener Formate und Qualitäten aus Kuba, Honduras und der Dominikanischen Republik. Zigarren sind äußerst empfindliche Produkte, die schon bei der sachgerechten Lagerung größter Aufmerksamkeit und Pflege bedürfen. Diese Havannas in den original Zedernholzkisten sollten grundsätzlich in Klimaschränken, so genannten Humidors, bei einer Temperatur von etwa 18 °C und einer konstanten Luftfeuchtigkeit von 70 bis 73 Prozent aufbewahrt werden. Kleinere Mengen können in Zigarrenpräsentations-Schatullen oder in einem Rotweinklimaschrank sachgerecht gelagert werden, da dieser die oben genannten Lagerbedingungen erfüllt.

Das Zigarrenangebot sollte verschiedene Größen und Formate wie Zigarillos, Panatelas, Lonsdales und Coronas umfassen. Einige der besten und bekanntesten Marken sind Montecristo, Cohiba, Partagas, Romeo y Julietta, Upmann, Ramon Allones, La Gloria Cubana, Laura Chavin und Davidoff.

Wird bei einer Veranstaltung nach dem Essen, beispielsweise zum Mokka oder Digestif, vom Gast eine Zigarre gewünscht, muss sie am Tisch fachgerecht serviert werden. Dem Gast wird entweder eine Zigarrenkarte, auf der das Angebot des Hauses verzeichnet ist, vorgelegt oder die geöffnete Zigarrenbox präsentiert. Hat der Gast seine Wahl getroffen, wird die gewünschte Havanna der Schatulle vorsichtig entnommen und gegebenenfalls die Cellophanhülle entfernt. Die Entscheidung, die Bauchbinde beim Rauchen an der Zigarre zu belassen oder sie zu entfernen, trifft in jedem Fall der Gast. Ohnehin sollte die Zigarre zunächst ein paar Minuten lang geraucht werden, da sich durch die Wärme des Rauchs der Klebstoff, mit dem die Bauchbinde am Deckblatt befestigt ist, leichter lösen lässt. Versucht man, sie vor dem Rau-

chen zu entfernen, so läuft man Gefahr, das Deckblatt zu beschädigen.

Alle handgemachten Zigarren werden vor dem Anzünden an ihrem geschlossenen Ende geöffnet. Dazu verwendet man verschiedene Zigarrenabschneider. Am besten geeignet sind die so genannten Taschen-Guillotinen (mit einfacher oder doppelter Schneide), spezielle Zigarrenscheren oder -bohrer. Nicht zu empfehlen sind Abschneider, die einen Keil in den Kopf schneiden, da dabei die Einlage zusammengedrückt wird. Dies stört den Durchgang des Rauchs, die Zigarre wird zu heiß und schmeckt unangenehm. Beim Anschneiden der Zigarre lässt man etwa 3 Millimeter des Kopfs stehen. Zum Anzünden verwendet man Zedernholzspäne oder lange Streichhölzer, wobei darauf zu achten ist, dass der Schwefelkopf bereits abgebrannt ist, bevor man die Zigarre anzündet. Streichhölzer mit einem Wachsanteil oder Benzinfeuerzeuge sind ungeeignet. Man hält die Zigarre beim Anzünden leicht schräg direkt über der Flamme und dreht sie langsam, bis die gesamte Fläche gleichmäßig Asche zeigt. Ein leichtes Schwenken der Zigarre fördert das Glimmen der Glut. Anschließend wird sie dem Gast überreicht oder in einem vorher eingesetzten Aschenbecher mit dem Mundstück zum Gast bereitgelegt.

Beim Zigarrenservice können von der Servicekraft weiße Handschuhe getragen werden.

Büfettservice

Kalte Büfetts

Der Speisenangebotsform Büfett kommt im Veranstaltungsbereich große Bedeutung zu. Die reichhaltige und vielfältige Auswahl sowie die lockere Atmosphäre machen geschlossene Büfetts für besondere Anlässe mit bestimmten – auch großen – Personenzahlen nicht nur bei den Gästen sehr beliebt. Desgleichen hat der gastronomische Betrieb bei Banketten mit Büfetts Vorteile durch einen reduzierten Personaleinsatz während der Veranstaltung, da die Gäste sich am Büfett selbst bedienen. Die Serviceleistung sollte sich allerdings nicht nur auf die Versorgung der Gäste mit Getränken am Tisch beschränken, sondern sich auch auf die Beratung und Bedienung der Teilnehmer am Büfett erstrecken. Die auf Platten und in Schüsseln angerichteten Speisen werden am Büfett vom Küchen- und Servicepersonal beschrieben, gegebenenfalls erklärt, und den Gästen auf die Teller vorgelegt. Außerdem sorgen die Fachkräfte hinter dem Büfett für einen jederzeit einwandfreien optischen Zustand des Büfetts und den Nachschub an frischen Reserveplatten.

Das Speisenangebot bei einem kalt-warmen Büfett entspricht einer Menüfolge, die auch in dieser Reihenfolge auf einem Tisch aufgebaut wird. Dabei sollte darauf geachtet werden, dass sich der Beginn des Büfetts mit dem Aufbau der Tellerstapel auf der rechten Seite befindet. Da davon auszugehen ist, dass die meisten Gäste als Rechtshänder sich auch dementsprechend mit der rechten Hand von den Platten bedienen und den Speiseteller in der linken Hand halten, ist die natürliche Laufrichtung um ein Büfett im Uhrzeigersinn. Bei großen Büfetts, die von beiden Seiten zugänglich sind, sollten die Teller jeweils rechts an den diagonalen Punkten und die Speisenplatten und Schüsseln auf beiden Seiten spiegelverkehrt in der Reihenfolge angeordnet werden.

Aufbau eines kleinen Büfetts

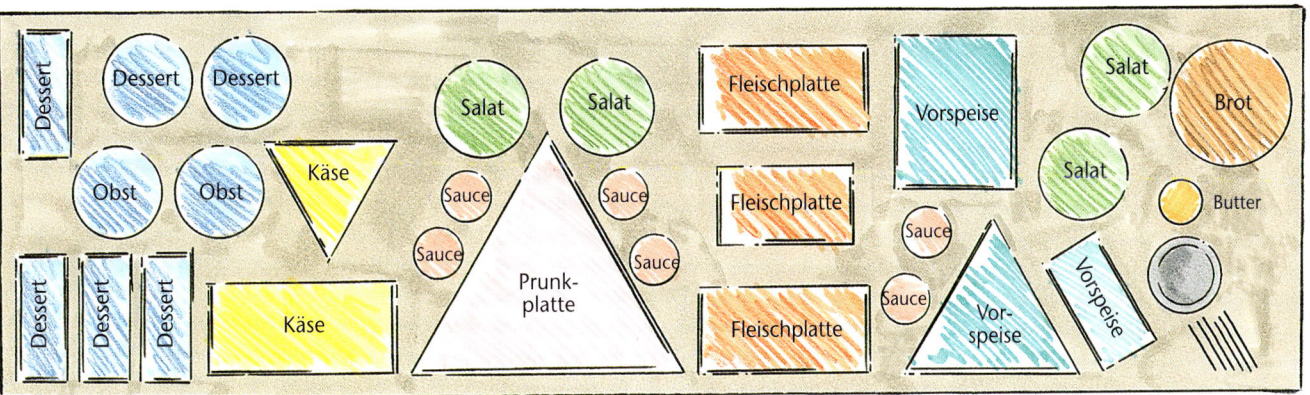

Gehrichtung der Gäste

191

Brunch

Der Brunch, eine Wortkombination aus den englischen Worten breakfast (= Frühstück) und lunch (= Mittagessen), ist eine Mahlzeit, bei der den Gästen die Speisen auf einem offenen Büfett angeboten werden. Der ausrichtende Betrieb ist der Veranstalter, und die Gäste können zu einem Pauschalpreis die Teilnahme am Brunch buchen. Die Veranstaltung beginnt gewöhnlich um 10 Uhr und endet gegen 14 Uhr.

Auf dem Brunchbüfett werden außer den üblichen Frühstücksspeisen und Getränken verschiedene weitere kalte und warme Speisen offeriert. Zu diesen Erweiterungen zählen beispielsweise Rühreier, kalte Fisch- und Fleischvorspeisen, Salate, Suppen, warme Fleischgerichte wie Bratenstücke und Schöpfgerichte mit den passenden Beilagen, angerichtet in Chafing-Dishes, sowie eine Dessertauswahl. Heißgetränke, Säfte und in den meisten Fällen auch ein Glas Sekt sind im Pauschalpreis einge-

schlossen, weitere Getränke werden auf Wunsch serviert und zusätzlich berechnet.

Wie beim kalten Büfett gilt, dass das Brunchbüfett auf der rechten Seite mit dem klassischen Frühstücksangebot, wie beispielsweise Brot und Brötchen, Butter und Konfitüre, Schinken, Wurst und Schnittkäse, beginnt. Hier sollten die ersten Tellerstapel stehen. Das Angebot kann dann mit kalten Fisch- und Fleischplatten, verschiedenen Salaten, warmen Fisch- und Fleischgerichten sowie Desserts und einem Käsebrett mit besonderen Sorten fortgesetzt werden. Zu beachten ist, dass bei den warmen Gerichten natürlich auch vorgewärmte Teller bereitgehalten werden. Die weiteren Frühstücksgetränke und -speisen wie beispielsweise verschiedene Säfte, Müsli, Joghurt, Quark, Cornflakes und Haferflocken können auf einem separaten Tisch aufgebaut sein.

Auf diesem müssen auch die benötigten Gläser, Teller, Schüsseln und Bestecke in nächster Nähe zu den Produkten platziert sein.

Beispiel für den Aufbau eines Brunchbüfetts

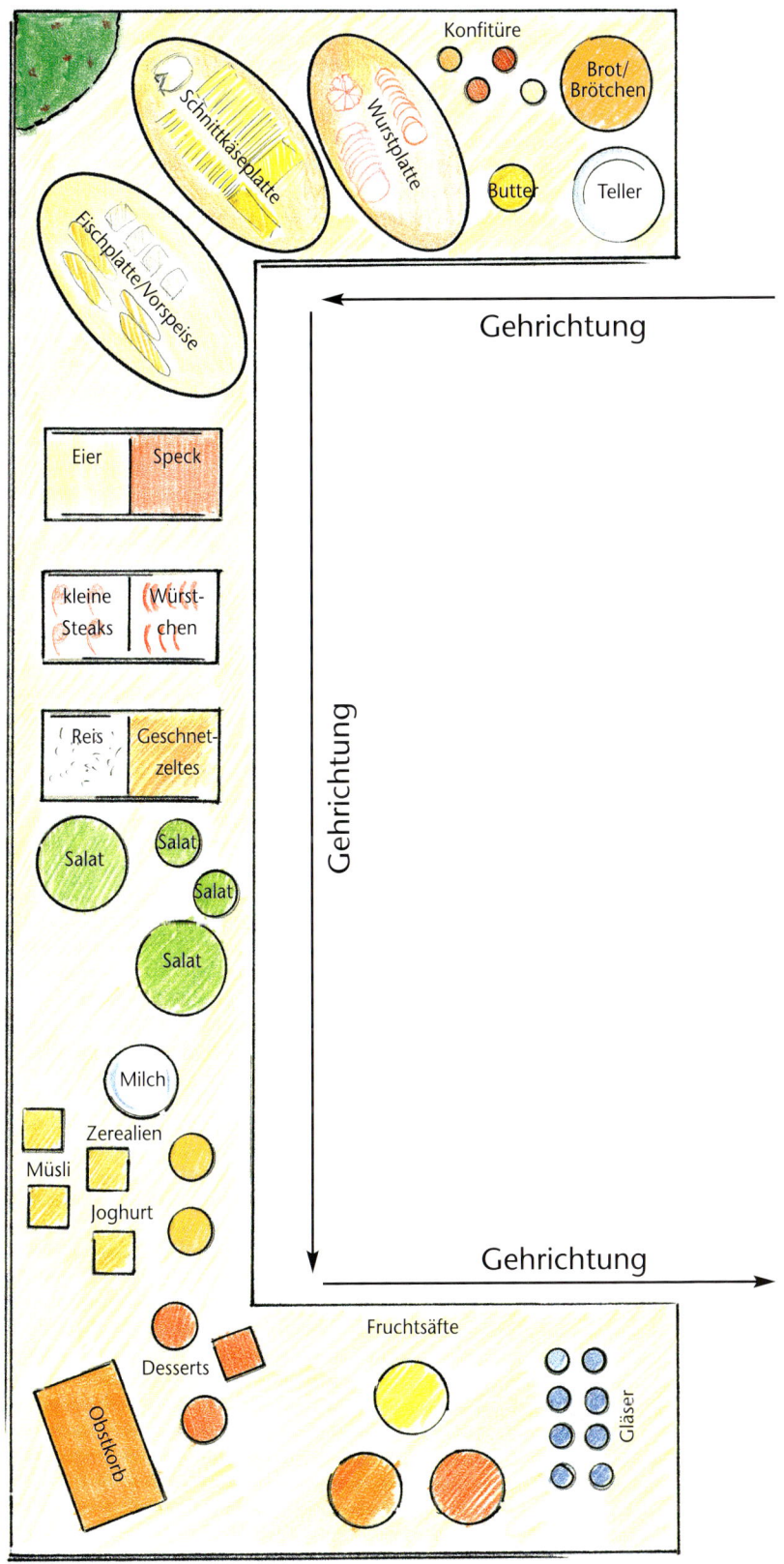

Konfitüre
Brot/Brötchen
Schnittkäseplatte
Wurstplatte
Butter
Teller
Fischplatte/Vorspeise
Eier
Speck
kleine Steaks
Würstchen
Reis
Geschnetzeltes
Salat
Salat
Salat
Salat
Milch
Zerealien
Müsli
Joghurt
Desserts
Obstkorb
Fruchtsäfte
Gläser

Gehrichtung

Gehrichtung

Gehrichtung

Außer-Haus-Service

Allgemeines

Die unter dem englischen Begriff Catering (von to cater = Speisen und Getränke liefern) zusammengefassten Leistungen stellen im gastronomischen Betrieb einen besonderen Angebotsschwerpunkt dar, der der Bankettabteilung einerseits durchaus zusätzliche Verdienstmöglichkeiten bringen kann. Andererseits bestehen hauptsächlich bei der Organisation einer Außer-Haus-Veranstaltung gewisse Risiken.

Die erfolgreiche Ausrichtung von Banketten außer Haus ist insbesondere abhängig von der Fähigkeit der Veranstaltungsorganisation, die gesamte Feier professionell zu planen und zu gestalten. Ist man erst einmal vor Ort, fehlt z. B. der schnelle Zugriff auf Material- und Personalnachschub, der bei einem Bankett im Haus eher gegeben ist. Das Leistungsangebot sollte möglichst umfangreich sein und außer dem Verleih von Mobiliar und Materialien, der Lieferung von kompletten Büfetts oder der Zubereitung von mehrgängigen Menüs vor Ort auch die Dekoration und das Rahmenprogramm für das Fest umfassen. Der Umfang einer Veranstaltung wird – ohne Gegenstände von einem Fremdanbieter gegen Gebühr auszuleihen – begrenzt durch das Vorhandensein der erforderlichen Menge und Art im Betrieb verfügbarer Service- und Küchenmaterialien. Die zu erbringende Serviceleistung kann darüber hinaus den Einsatz von Aushilfskräften erforderlich machen. Besonders wichtig ist auch die Beantwortung der Frage des Transports von Mobiliar, Service- und Küchenmaterial sowie von Speisen und Getränken. Hierfür müssen geeignete Fahrzeuge – für den Speisentransport auch mit Kühlmöglichkeit – zur Verfügung stehen.

Ob ein festliches Bankett, ein privates Gartenfest, der runde Geburtstag oder ein großes Firmenjubiläum, eine romantische Hochzeit oder eine Messeveranstaltung zu organisieren ist, das Leistungsangebot des gastronomischen Betriebs sollte alle Wünsche des Auftraggebers erfüllen können. Gerade bei den häufig zu caternden privaten Festen im Haus des Kunden stellt der Gastgeber hohe Erwartungen an die Leistungsfähigkeit der ausrichtenden Firma. Er möchte seine Gäste und sich selbst mit einem interessanten Speisen- und Getränkeangebot verwöhnen und in Fragen der Veranstaltungsorganisation im eigenen Hause entlastet sein.

Absprache beim Veranstalter

Die Durchführung des Verkaufsgesprächs für ein Catering am Veranstaltungsort und eine ausführliche Besichtigung der örtlichen Gegebenheiten bilden die Grundlage für die Planung der Außer-Haus-Veranstaltung. Gelten für die Absprache auch die gleichen Regeln wie für Verkaufsgespräche im Haus, so müssen für die Organisation des Catering die folgenden Punkte bei der Besichtigung vor Ort berücksichtigt werden:

- Lage und Einrichtung der Räumlichkeiten (Veranstaltungs- und Nebenräume, Räume für Warenanlieferung, Mise en place und Rücklauf, Küche, Toiletten)
- Ver- und Entsorgungseinrichtungen (Stromanschlüsse, Wasser und Abwasser, Müllentsorgung)
- Fußböden (Eignung für vorgesehene Belastung bei Tanz bzw. Küchenbetrieb)
- Mögliche Störung von automatischen Sicherheitseinrichtungen (Rauch- und Wärmemelder bei Küchenbetrieb)
- Zufahrtswege zum Veranstaltungsort sowie Park- und Abstellmöglichkeiten für die Lieferfahrzeuge

Es ist sinnvoll, von den örtlichen Gegebenheiten Lage- und Raumskizzen anzufertigen, in die alle wesentlichen Versorgungsanschlüsse eingetragen sind.

Die Einzelheiten für die Veranstaltung und die vereinbarten Sach- und Dienstleistungen können an Hand einer Checkliste aufgenommen oder direkt in ein Bankettvereinbarungsformular eingetragen werden.

Zeitplanung

Für die gesamte Planung ist zunächst ein möglichst genauer Zeitplan zu erstellen, in dem die Zeiten für folgende Punkte festgehalten werden:

- Anlieferung von Mobiliar und Material sowie Aufbau
- Arbeitsbeginn der Mitarbeiter vor Ort
- Anlieferung von Speisen und Getränken sowie Aufbau der Küche
- Beginn von Veranstaltung, Essen und Programm
- Ende der Veranstaltung
- Abtransport von Material
- Arbeitsende des Personals (stufenweiser Abbau der Mitarbeiter) und, falls erforderlich, Abholung von Mitarbeitern vom Veranstaltungsort

Ablaufplanung

Bei der weiteren Ablaufplanung sind die folgenden Punkte besonders wichtig:

* Beladung und sinnvolle Aufteilung der Materialien auf die Fahrzeuge nach vorgefertigter Liste

* Zweckmäßige Transportreihenfolge und Fahrtroute unter Berücksichtigung besonderer Verkehrsverhältnisse

* Park- und Abstellmöglichkeiten für die Fahrzeuge am Veranstaltungsort

* Name des Veranstalters bzw. des Ansprechpartners vor Ort

* Telefonische Erreichbarkeit am Veranstaltungsort

* Organisation des Nachschubs im Betrieb

* Namensliste des einzusetzenden Personals und der Hilfskräfte für Küche, Service und Dekoration

* Festlegung des jeweiligen Arbeitsbeginns und des Küchenaufbaus

* Organisation des Aufbaus des Veranstaltungsraums und der Dekoration

* Materialrücklauf und Abtransport

Personaleinsatzplanung

Zunächst ist der Personalbedarf für nachstehende Bereiche festzulegen:
* Service

* Küche

* Dekoration

* Hilfskräfte

* Sonstiges Personal

Anschließend kann der Personaleinsatz für die Vorbereitung der Veranstaltung vor Ort geplant werden. Hierbei wird geregelt, welche Arbeiten jeweils zu erledigen sind; der Arbeitsbeginn und Zeitbedarf werden zusätzlich festgelegt.

Die anfallenden Aufgaben können beispielhaft wie folgt beschrieben werden:
* Küche und Materialrücklauf aufbauen

* Veranstaltungsräume aufdecken

* Geschirr, Besteck und Gläser polieren

* Tische eindecken

* Räume und Tische dekorieren

* Getränkeausgabe einrichten und bestücken

* Sonstige Mise-en-place-Arbeiten

* Essenszubereitung

Für die reibungslose Durchführung des Catering sollten die Mitarbeiter rechtzeitig in diese Punkte eingewiesen sein:
* Veranstaltungsablauf

* Speisen- und Getränkeangebot

* Stationseinteilung

* Büfettbesetzung bzw. Speisenausgabe

* Getränkebüfett

* Geschirr-, Besteck- und Gläserrücklauf

Planung des Materialbedarfs

Eine besondere Bedeutung hat die genaue Planung und Festlegung der benötigten Materialien für Küche und Service. Die Zusammenstellung dieser Ausstattung sollte immer unter Verwendung spezieller Listen geschehen, mit denen sowohl die Bereitstellung wie auch der Rücklauf kontrolliert werden kann (siehe auch Kapitel 9).

8

Reportage aus dem Bankettalltag

Ablauf eines zwanglosen Sommerfestes in einem Landgasthof aus der Sicht der Servicebrigade

Das Gelingen einer Bankettveranstaltung hängt im Wesentlichen von der erfolgreichen Durchführung am Veranstaltungstag ab. Alle Planungen und Absprachen müssen nun in die Praxis umgesetzt werden. Hier zeigt es sich, ob die Vororganisation bis ins kleinste Detail durchdacht war und der Informationsfluss zwischen Bankettverkauf und Küche bzw. Service funktioniert hat. Klare Anweisungen in schriftlicher Form ersparen Rückfragen und erleichtern vor allem den Mitarbeitern im Bankettservice die Vorbereitungsarbeiten, wie das Auf- und Eindecken der vorgesehenen Räumlichkeiten.

Rechtzeitige Materialvorbereitung, wie z. B. die Bestecke zu silbern und die Servietten vorher zu brechen sowie rationelles und konzentriertes Arbeiten beim Eindecken, reduziert den Zeitaufwand dabei. Fehlerhafte Menükarten oder mangelnde Absprache mit der Küche bezüglich der Anrichteweise der Menügänge erzeugen nur Hektik und Doppelarbeiten in der Vorbereitungsphase.

Im Bereich der Speisenausgabe müssen beispielsweise die Cloches nochmals auf Hochglanz gebracht werden sowie Unterteller für den Suppenservice und Vorlegebestecke vorbereitet werden. Das Rechaud wird mit der benötigten Menge von Tellern und Suppentassen gefüllt, rechtzeitig eingeschaltet und auf etwa 80 °C eingestellt.

Besonders wichtig ist auch die frühzeitige Bereitstellung und das Einkühlen der für die Veranstaltung bestellten Weine und sonstigen Getränke. Für den ersten Weinservice wird eine angemessene Anzahl von Flaschen vor der Veranstaltung geöffnet und sensorisch auf etwaige Fehler überprüft.

Es ist unerlässlich, vor jeder Veranstaltung eine Servicebesprechung durchzuführen. Die Serviceleitung bespricht mit den Mitarbeitern den Ablauf des Banketts und gibt die Stations- und Arbeitseinteilung für die Servicekräfte bekannt. Der Einteilungsplan wird im Office ausgehängt, so dass sich alle Mitarbeiter ständig darüber informieren können, wer für welchen Bereich verantwortlich ist.

Bei speziellen Serviceabläufen, wie beispielsweise dem Tellerservice mit Cloches, erweist es sich immer als sinnvoll, die Durchführung der Serviermethode – sozusagen als „Trockenübung" – vorher zu proben.

Bei den meisten Bankettveranstaltungen findet zu Beginn ein Aperitifempfang statt. Meist im Foyer des Veranstaltungsraums oder bei schönem Wetter auf der Terrasse. Kurz bevor die Gäste eintreffen, werden die Getränke dafür bereitgestellt und eine angemessene Anzahl von Flaschen geöffnet.

Der Aufbau eines attraktiven Aperitifbüfetts mit vielfältiger Getränkeauswahl ist ein Blickfang gleich zu Beginn und kann den ersten Eindruck für die Gäste bereits positiv prägen.

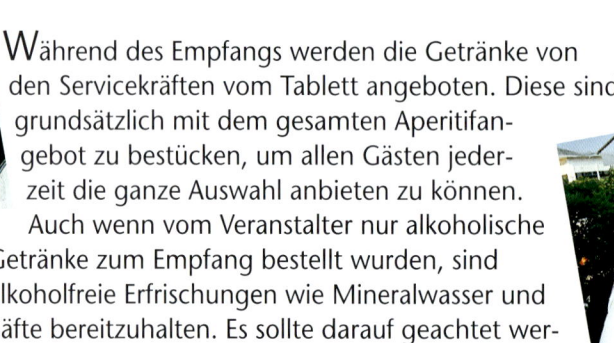

Während des Empfangs werden die Getränke von den Servicekräften vom Tablett angeboten. Diese sind grundsätzlich mit dem gesamten Aperitifangebot zu bestücken, um allen Gästen jederzeit die ganze Auswahl anbieten zu können. Auch wenn vom Veranstalter nur alkoholische Getränke zum Empfang bestellt wurden, sind alkoholfreie Erfrischungen wie Mineralwasser und Säfte bereitzuhalten. Es sollte darauf geachtet werden, dass sich das Servicepersonal mit den Getränketabletts im ganzen Empfangsbereich verteilt, damit sich am Eingang kein Stau bildet. Sind alle Gäste mit Getränken versorgt, kann auch aus Flaschen direkt nachgeschenkt werden.

Im Veranstaltungsraum werden inzwischen die Kerzen angezündet. Bei großen Banketten mit vielen Kerzen auf den Tischen empfiehlt es sich, diese bereits nach dem Aufstellen einmal kurz anzuzünden und wieder zu löschen. Das Entzünden, kurz bevor die Gäste den Raum betreten, geht dann schneller vonstatten.

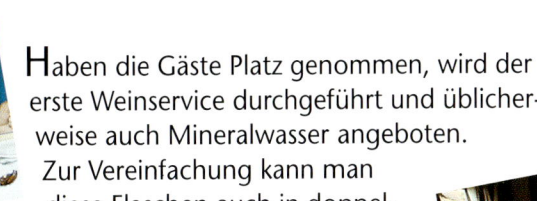

Haben die Gäste Platz genommen, wird der erste Weinservice durchgeführt und üblicherweise auch Mineralwasser angeboten. Zur Vereinfachung kann man diese Flaschen auch in doppelwandigen Isolationskühlern auf den Tischen einsetzen. Werden mehrere Weine zur Wahl angeboten, werden sie grundsätzlich von rechts präsentiert und eingeschenkt.

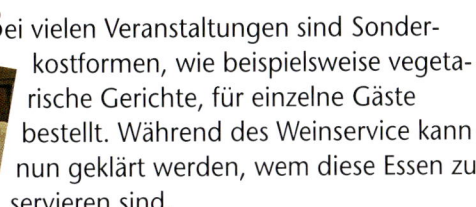

Bei vielen Veranstaltungen sind Sonderkostformen, wie beispielsweise vegetarische Gerichte, für einzelne Gäste bestellt. Während des Weinservice kann nun geklärt werden, wem diese Essen zu servieren sind.

Sind offizielle Reden vorgesehen, ist nach Abschluss des Getränkeservice die erste Gelegenheit dafür. Anschließend kann der erste Menügang, meist die kalte Vorspeise, serviert werden. Befindet sich beim Einsetzen der Speisen ein Gast nicht an seinem Platz, so darf der Teller nur nach Aufforderung durch andere Gäste am Tisch eingesetzt werden. Diese Regelung gilt auch für das Einschenken von Getränken.

Das Ausheben kann im Zweiersystem unter Anwendung des Obergriffs erfolgen, wobei die Servicekraft höchstens 6 Teller auf einmal abräumt. Das Besteck ist dabei zu sichern und zu ordnen (die erste Gabel wird mit dem Daumen festgehalten, die weiteren daneben gelegt, und die Messer werden unter die Gabeln geschoben).

Wenn an allen Tischen abgeräumt wurde, werden Getränke nachserviert und der nächste Gang von der Serviceleitung abgerufen. Das Timing beim Abrufen wird überwiegend durch die Zeit bestimmt, die die Küche zum Anrichten der Speisen benötigt. Die Suppe kann durch das Einschenken aus großen Kannen zügig angerichtet und serviert werden.

Beim Abräumen der Suppe ist von den Servicekräften ganz besonders darauf zu achten, dass die Löffel so auf den Untertellern platziert werden, dass ein Herunterfallen vermieden wird. Bestecke, die beim Servieren auf den Boden fallen, erregen negative Aufmerksamkeit, und der Service wirkt unprofessionell.
Bei den meisten Bankettveranstaltungen erfolgt vor dem Hauptgang ein Wechsel des Weins. Dazu kann es erforderlich sein, die benötigten Gläser nachzudecken. Sind für alle korrespondierenden Weine die Gläser auf dem Tisch eingedeckt, muss bei jeglichem Weinwechsel vom Servicepersonal darauf geachtet werden, dass erst der neue Wein eingeschenkt wird und dann die leeren benutzten Gläser des vorherigen Weins ausgehoben werden. Befindet sich noch Wein in den Gläsern, so ist grundsätzlich der Gast zu fragen, ob das Glas ausgehoben werden darf.
Der Rotwein wird den Gästen präsentiert und eingeschenkt. Beim Rotweinservice ist das korrekte Einschenken, ohne Flecken auf der Tischdecke zu hinterlassen, besonders wichtig. Dieses erreicht man durch das Abdrehen der Flasche direkt nach dem Füllen des Glases.
Verfügt der Betrieb über die speziellen Drop-Stop-Folien, so verhindern diese ein Nachtropfen und damit das Verschmutzen der Tischdecke.
Sind keine derartigen Folien vorhanden, ist es dem Servicepersonal auch gestattet, beim Rotweinservice die Gläser vom Tisch auszuheben.

Zum Anrichten des Hauptgangs werden die vorgewärmten Teller unter einer Wärmebrücke bereitgestellt. Die Tellerstapel sollten nicht zu hoch sein, um ein reibungsloses Arbeiten zu gewährleisten und um zu verhindern, dass sie zu schnell auskühlen.

Vom Service werden Handservietten bereitgelegt oder – wie in diesem Fall – weiße Handschuhe angezogen.

Bei Tellerservice mit Cloches trägt jede Servicekraft höchstens 2 Teller. Das bedeutet, ein Tisch mit 8 Gästen wird von 4 Servicemitarbeitern bedient. Nach dem Aufnehmen der Teller am Küchenpass formiert sich die Servicegruppe, um gemeinsam die Hauptgänge an einem Tisch zu servieren.

Ein Kellner führt die Gruppe an, geht am Tisch der Gäste auf die dem Officeausgang gegenüberliegende Seite des Tischs und wartet kurz ab, bis die anderen Servicekräfte ihre Positionen hinter den Gästen erreicht haben. Das Serviceteam hält Blickkontakt untereinander und setzt auf ein Zeichen des Teamchefs gemeinsam die ersten Teller bei den Gästen ein. Die zweiten Teller werden serviert, indem man im Uhrzeigersinn zum nächsten Gast weitergeht.

Auch das Abheben der Cloches muss gleichzeitig und ohne die Gäste dabei zu behindern erfolgen. Sofort nach dem Abheben müssen die Tellerhauben mit der Öffnung nach oben gedreht werden, um das Tropfen von Kondenswasser auf die Kleidung der Gäste zu verhindern.

Die Sauce und ein Nachservice an Beilagen können auf den Tischen zur Selbstbedienung durch die Gäste eingesetzt oder von der Platte vorgelegt werden.
Dieser Vorgang geschieht von der linken Seite. Die Platte steht auf einer gefalteten Handserviette auf der linken Hand der Servicekraft, wird möglichst nahe zum Teller des Gastes herangebracht und nun, ohne ihn zu behindern, davon vorgelegt.

203

Nach dem Abräumen des Hauptgangs werden gegebenenfalls auch die Menagen sowie Brotkörbe und Butterteller vom Tisch entfernt. Anschließend werden die Tische von Brotkrümeln gereinigt. Dieser Vorgang geschieht mittels einer Handserviette und einem Mittelteller von der linken Seite des Gastes.

Ist Dessertbesteck auf den Tischen eingedeckt, kann dieses jetzt heruntergezogen werden.
Bei den meisten Veranstaltungen mit Menüservice wird auch das Dessert am Tisch serviert. Eine Variante dazu ist die Präsentation des Dessertangebots auf einem Büfett. Ein ansprechend angerichtetes Dessertbüfett bietet den Gästen außer der freien Wahlmöglichkeit auch die Gelegenheit, sich nach dem langen Sitzen während des Menüservice etwas Bewegung zu verschaffen. Obwohl ein Büfett in erster Linie zur Selbstbedienung angerichtet ist, sollte es durch Fachkräfte aus Küche und Service besetzt werden. Diese können die Gäste bei der Speisenauswahl beraten und beim Anrichten der Teller behilflich sein. Es versteht sich von selbst, dass vor allem auch die Servicekräfte über das Angebot auf dem Büfett im Bilde sein müssen, um den Gästen über alle Speisen Auskunft geben zu können.

Das Platzieren der Speisen auf die Teller erfolgt mit dem Vorlegebesteck, wobei der große Löffel in der rechten Hand und die große Gabel in der linken Hand gehalten wird. Die Handhabung des Vorlegebestecks in einer Hand ist fachlich unkorrekt.

Nach Abschluss des Speisenservice werden den Gästen Kaffee und je nach Vereinbarung auch eine Auswahl an Digestifs serviert. Dabei arbeiten 2 Servicekräfte sozusagen im Gespann. Eine Person präsentiert dem Gast am Tisch die Auswahl, die andere hält das Tablett mit den Gläsern. In diesem Fall wird der Obstbrand – in einem speziellen Glaskolben, der auf die Flasche aufgesteckt ist – zuerst portioniert, dann ins Glas eingeschenkt und dem Gast eingesetzt.

9

Checklisten und Formblätter

Allgemeine Geschäftsbedingungen für Veranstaltungen[1]

Geltungsbereich

1. Diese Geschäftsbedingungen gelten für Verträge über die mietweise Überlassung von Konferenz-, Bankett- und Veranstaltungsräumen des Hotels zur Durchführung von Veranstaltungen wie Banketten, Seminaren, Tagungen usw. sowie für alle damit zusammenhängenden weiteren Leistungen und Lieferungen des Hotels.

2. Die Unter- oder Weitervermietung der überlassenen Räume, Flächen oder Vitrinen sowie die Einladung zu Vorstellungsgesprächen, Verkaufs- oder ähnlichen Veranstaltungen bedürfen der vorherigen schriftlichen Zustimmung des Hotels.

3. Geschäftsbedingungen des Veranstalters finden nur Anwendung, wenn dies ausdrücklich schriftlich vereinbart wurde.

Vertragsabschluss, -partner, -haftung

1. Der Vertrag kommt durch die Antragsannahme (Bestätigung) des Hotels an den Veranstalter zu Stande; diese sind die Vertragspartner.

2. Ist der Kunde/Besteller nicht der Veranstalter selbst oder wird vom Veranstalter ein gewerblicher Vermittler oder Organisator eingeschaltet, so haften diese zusammen mit dem Veranstalter gesamtschuldnerisch für alle Verpflichtungen aus dem Vertrag.

3. Das Hotel haftet für seine Verpflichtungen aus dem Vertrag. Diese Haftung ist beschränkt auf Leistungsmängel, die, außer im leistungstypischen Bereich, auf Vorsatz oder grobe Fahrlässigkeit des Hotels zurückzuführen sind. Im Übrigen ist der Veranstalter verpflichtet, das Hotel rechtzeitig auf die Möglichkeit der Entstehung eines außergewöhnlich hohen Schadens hinzuweisen.

Leistungen, Preise, Zahlung

1. Das Hotel ist verpflichtet, die vom Veranstalter bestellten und vom Hotel zugesagten Leistungen zu erbringen.

2. Der Veranstalter ist verpflichtet, die für diese Leistungen vereinbarten Preise des Hotels zu zahlen. Dies gilt auch für in Verbindung mit der Veranstaltung stehende Leistungen und Auslagen des Hotels an Dritte.

3. Die vereinbarten Preise schließen die jeweilige gesetzliche Mehrwertsteuer ein. Überschreitet der Zeitraum zwischen Vertragsabschluss und Veranstaltung 4 Monate und erhöht sich der vom Hotel allgemein für derartige Leistungen berechnete Preis, so kann der vertraglich vereinbarte Preis angemessen, höchstens jedoch um 10 % erhöht werden.

4. Rechnungen des Hotels ohne Fälligkeitsdatum sind binnen 10 Tagen ab Zugang der Rechnung ohne Abzug zahlbar. Bei Zahlungsverzug ist das Hotel berechtigt, Zinsen in Höhe von 4 % über dem jeweiligen Diskontsatz der Deutschen Bundesbank zu berechnen. Dem Veranstalter bleibt der Nachweis eines niedrigeren, dem Hotel der eines höheren Schadens vorbehalten.

5. Das Hotel ist berechtigt, jederzeit eine angemessene Vorauszahlung zu verlangen. Die Höhe der Vorauszahlung und die Zahlungstermine können im Vertrag schriftlich vereinbart werden.

[1] Geschäftsbedingungen des Fachverbandes IHA-Hotels Deutschland e.V., Bonn

Rücktritt des Hotels

1. Wird die Vorauszahlung auch nach Verstreichen einer vom Hotel gesetzten angemessenen Nachfrist mit Ablehnungsandrohung nicht geleistet, so ist das Hotel zum Rücktritt vom Vertrag berechtigt.

2. Ferner ist das Hotel berechtigt, aus sachlich gerechtfertigtem Grund vom Vertrag zurückzutreten, beispielsweise falls
   • höhere Gewalt oder andere vom Hotel nicht zu vertretende Umstände die Erfüllung des Vertrags unmöglich machen;
   • Veranstaltungen unter irreführender oder falscher Angabe wesentlicher Tatsachen, z. B. des Veranstalters oder Zwecks, gebucht werden;
   • das Hotel begründeten Anlass zu der Annahme hat, dass die Veranstaltung den reibungslosen Geschäftsbetrieb, die Sicherheit oder das Ansehen des Hotels in der Öffentlichkeit gefährden kann, ohne dass dies dem Herrschafts- bzw. Organisationsbereich des Hotels zuzurechnen ist;
   • ein Verstoß gegen Geltungsbereich Absatz 2 vorliegt.

3. Das Hotel hat den Veranstalter von der Ausübung des Rücktrittsrechts unverzüglich in Kenntnis zu setzen.

4. Es entsteht kein Anspruch des Veranstalters auf Schadensersatz gegen das Hotel, außer bei vorsätzlichem oder grob fahrlässigem Verhalten des Hotels.

Rücktritt des Veranstalters (Abbestellung)

1. Bei Rücktritt des Veranstalters ist das Hotel berechtigt, die vereinbarte Miete in Rechnung zu stellen, sofern eine Weitervermietung nicht mehr möglich ist.

2. Tritt der Veranstalter erst zwischen der 8. und der 4. Woche vor dem Veranstaltungstermin zurück, ist das Hotel berechtigt, zuzüglich zum vereinbarten Mietpreis 35 % des entgangenen Speisenumsatzes in Rechnung zu stellen, bei jedem späteren Rücktritt 70 % des Speisenumsatzes.

3. Die Berechnung des Speisenumsatzes erfolgt nach der Formel: Menüpreis-Bankett x Personenzahl.

War für das Menü noch kein Preis vereinbart, wird das preiswerteste 3-gängige Menü des jeweils gültigen Veranstaltungsangebots zugrunde gelegt.

4. Ersparte Aufwendungen nach 2. und 3. sind damit abgegolten. Dem Veranstalter bleibt der Nachweis eines niedrigeren, dem Hotel der eines höheren Schadens vorbehalten.

Änderungen der Teilnehmerzahl und der Veranstaltungszeit

1. Eine Änderung der Teilnehmerzahl um mehr als 5 % muss spätestens 5 Werktage vor Veranstaltungsbeginn der Bankettabteilung mitgeteilt werden; sie bedarf der Zustimmung des Hotels.

2. Eine Reduzierung der Teilnehmerzahl um maximal 5 % wird vom Hotel bei der Abrechnung anerkannt. Bei darüber hinausgehenden Abweichungen wird die ursprünglich gemeldete Teilnehmerzahl abzüglich 5 % zugrunde gelegt.

3. Im Fall einer Abweichung nach oben wird die tatsächliche Teilnehmerzahl berechnet.

4. Bei Abweichungen der Teilnehmerzahl um mehr als 10 % ist das Hotel berechtigt, die vereinbarten Preise neu festzusetzen sowie die bestätigten Räume zu tauschen, es sei denn, dass dies dem Veranstalter unzumutbar ist.

5. Verschieben sich ohne vorherige schriftliche Zustimmung des Hotels die vereinbarten Anfangs- oder Schlusszeiten der Veranstaltung, so kann das Hotel zusätzliche Kosten der Leistungsbereitschaft in Rechnung stellen, es sei denn, das Hotel trifft ein Verschulden.

Mitbringen von Speisen und Getränken

Der Veranstalter darf Speisen und Getränke zu Veranstaltungen grundsätzlich nicht mitbringen. Ausnahmen bedürfen einer schriftlichen Vereinbarung mit der Bankettabteilung. In diesen Fällen wird ein Beitrag zur Deckung der Gemeinkosten berechnet.

Technische Einrichtungen und Anschlüsse

1. So weit das Hotel für den Veranstalter auf dessen Veranlassung technische und sonstige Einrichtungen von Dritten beschafft, handelt es im Namen, in Vollmacht und für Rechnung des Veranstalters.
Der Veranstalter haftet für die pflegliche Behandlung und die ordnungsgemäße Rückgabe. Er stellt das Hotel von allen Ansprüchen Dritter aus der Überlassung dieser Einrichtungen frei.

2. Die Verwendung von eigenen elektrischen Anlagen des Veranstalters unter Nutzung des Stromnetzes des Hotels bedarf dessen schriftlicher Zustimmung. Durch die Verwendung dieser Geräte auftretende Störungen oder Beschädigungen an den technischen Anlagen des Hotels gehen zu Lasten des Veranstalters, soweit das Hotel diese nicht zu vertreten hat. Die durch die Verwendung entstehenden Stromkosten darf das Hotel pauschal erfassen und berechnen.

3. Der Veranstalter ist mit Zustimmung des Hotels berechtigt, eigene Telefon-, Telefax- und Datenübertragungseinrichtungen zu benutzen. Dafür kann das Hotel eine Anschlussgebühr verlangen.

4. Bleiben durch den Anschluss eigener Anlagen des Veranstalters geeignete des Hotels ungenutzt, kann eine Ausfallvergütung berechnet werden.

5. Störungen an vom Hotel zur Verfügung gestellten technischen oder sonstigen Einrichtungen werden nach Möglichkeit sofort beseitigt. Zahlungen können nicht zurückbehalten oder gemindert werden, soweit das Hotel diese Störungen nicht zu vertreten hat.

Verlust oder Beschädigung mitgebrachter Sachen

1. Mitgeführte Ausstellungs- oder sonstige, auch persönliche Gegenstände befinden sich auf Gefahr des Veranstalters in den Veranstaltungsräumen bzw. im Hotel. Das Hotel übernimmt für Verlust, Untergang oder Beschädigung keine Haftung, außer bei grober Fahrlässigkeit oder Vorsatz des Hotels.

2. Mitgebrachtes Dekorationsmaterial hat den feuerpolizeilichen Anforderungen zu entsprechen. Dafür einen behördlichen Nachweis zu verlangen, ist das Hotel berechtigt. Wegen möglicher Beschädigungen sind die Aufstellung und Anbringung von Gegenständen vorher mit dem Hotel abzustimmen.

3. Die mitgebrachten Ausstellungs- oder sonstigen Gegenstände sind nach Ende der Veranstaltung unverzüglich zu entfernen. Unterlässt der Veranstalter das, darf das Hotel die Entfernung und Lagerung zu Lasten des Veranstalters vornehmen. Verbleiben die Gegenstände im Veranstaltungsraum, kann das Hotel für die Dauer des Verbleibs Raummiete berechnen. Dem Veranstalter bleibt der Nachweis eines niedrigeren, dem Hotel der eines höheren Schadens vorbehalten.

Haftung des Veranstalters für Schäden

1. Der Veranstalter haftet für alle Schäden an Gebäude oder Inventar, die durch Veranstaltungsteilnehmer bzw. -besucher, Mitarbeiter, sonstige Dritte aus seinem Bereich oder ihn selbst verursacht werden.

2. Das Hotel kann vom Veranstalter die Stellung angemessener Sicherheiten (z. B. Versicherungen, Kautionen, Bürgschaften) verlangen.

Schlussbestimmungen

1. Änderungen oder Ergänzungen des Vertrags, der Antragsannahme oder dieser Geschäftsbedingungen für Veranstaltungen sollen schriftlich erfolgen. Einseitige Änderungen oder Ergänzungen durch den Veranstalter sind unwirksam.

2. Erfüllungs- und Zahlungsort ist der Sitz des Hotels.

3. Ausschließlicher Gerichtsstand – auch für Scheck- und Wechselstreitigkeiten – ist im kaufmännischen Verkehr der Sitz des Hotels. Sofern ein Vertragspartner die Voraussetzung des § 38 Absatz 1 ZPO erfüllt und keinen allgemeinen Gerichtsstand im Inland hat, gilt als Gerichtsstand der Sitz des Hotels.

4. Es gilt deutsches Recht.

5. Sollten einzelne Bestimmungen dieser allgemeinen Geschäftsbedingungen für Veranstaltungen unwirksam oder nichtig sein, so wird dadurch die Wirksamkeit der übrigen Bestimmungen nicht berührt. Im Übrigen gelten die gesetzlichen Vorschriften.

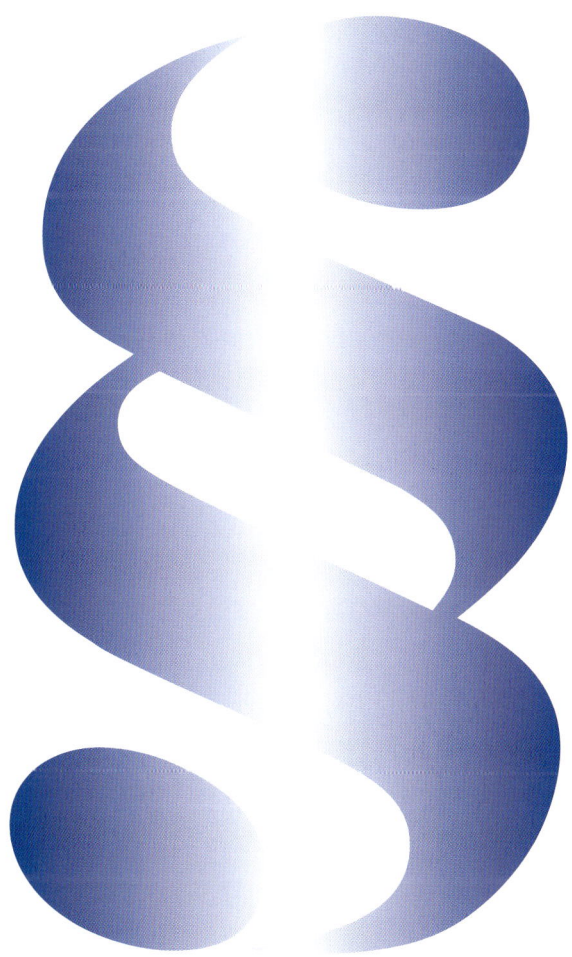

Checkliste der Vorarbeiten für eine Bankettveranstaltung

○ Veranstaltungsraum reinigen.

○ Blumendekoration anfertigen.

○ Getränke bereitstellen und temperieren.

○ Bestecke, Porzellanteile und Gläser polieren und Servietten brechen.

○ Mobiliar je nach Tafelform und gewünschter Raumausstattung stellen.

○ Aperitifbereich herrichten.

○ Moltons und Tischdecken auflegen und gegebenenfalls Dekorationsbänder drapieren.

○ Eventuell vorgesehene Büfetts stellen, mit Skirtings versehen und mit Tischtüchern belegen.

○ Stühle entsprechend der Personenzahl an der Tafel verteilen.

○ Falls vorgesehen, Platzteller eindecken.

○ Servietten aufstellen.

○ Stühle zum bequemeren Eindecken von der Tafel abdrehen.

○ Gedecke je nach Speisen- und Getränkeangebot auflegen.

○ Gedeckteile ausrichten.

○ Dekoration und eventuell Salzstreuer auf der Tafel platzieren.

○ Menü- und Tischkarten aufstellen.

○ Bei Einzeltischen gegebenenfalls Tischnummern aufstellen.

○ Stühle wieder an die Tafel anstellen und ausrichten.

○ Alle Tische auf Vollständigkeit kontrollieren.

○ Servicetisch mit Reservematerialien, Aschenbechern, Zahnstochern, Handservietten und Serviertabletts vorbereiten.

○ Je nach Veranstaltungsanlass einen Geschenketisch aufbauen und mit Blumenvasen ausstatten.

○ Technische Anlagen und Ausstattung des Raums (Beleuchtung, Vorhänge) überprüfen.

○ Eventuell Tischplan vor dem Raum aufstellen.

○ Hinweistafeln kontrollieren.

○ Garderobe und Toiletten überprüfen.

○ Vorbereitungsarbeiten im Office durchführen.

○ Gläser für den Aperitif und den Digestif bereitstellen.

○ Rechauds mit Tellern und Suppentassen je nach Bedarf befüllen und einschalten.

○ Unterteller für den Suppen- und den sonstigen Speisenservice vorbereiten.

○ Vorlegebestecke, Brotkörbe, Kaffee-Mise-en-place und Handservietten herrichten.

○ Bankettanweisung und Ablaufplan aushängen.

○ Servicebesprechung durchführen.

○ Stationseinteilung an Hand des Tischplans bekannt geben.

○ Veranstaltungsablauf mit der Servicebrigade durchsprechen und dabei über Details zum Aperitif, zur Speisen- und Getränkefolge sowie zu besonderen Wünschen des Veranstalters (eventuell geplante Ansprachen und Rahmenprogramm) informieren.

○ Bei Großveranstaltungen Serviceprobelauf durchführen.

Checkliste Serviceablauf bei einem Bankett mit Menüservice

○ Gäste begrüßen.

○ Beim Ablegen der Garderobe behilflich sein.

○ Aperitif und gegebenenfalls kleine Appetithappen dazu anbieten.

○ Kerzen auf den Tischen anzünden.

○ Gästen beim Platznehmen behilflich sein.

○ Mineralwasser und Weißwein servieren.

○ Brot und Butter einsetzen.

○ Leere Aperitifgläser abräumen.

○ Vorspeise servieren.

○ Brot und Butter nachservieren.

○ Wein und Wasser nachschenken.

○ Vorspeisenteller abräumen.

○ Gegebenenfalls bei Rauchern Aschenbecher einsetzen und nach Gebrauch wechseln.

○ Suppe servieren.

○ Suppengeschirr ausheben.

○ Rotwein einschenken.

○ Leere Weißweingläser abräumen.

○ Hauptgang servieren.

○ Rotwein und Wasser nachschenken.

○ Nachservice an Speisen anbieten.

○ Speisenteller vom Hauptgang und Brotteller ausheben.

○ Menagen abräumen.

○ Tische reinigen.

○ Dessertbesteck herunterziehen.

○ Schaumwein einschenken.

○ Leere Rotweingläser abräumen.

○ Dessert servieren.

○ Schaumwein und Wasser nachschenken.

○ Dessertteller und gegebenenfalls Platzteller ausheben.

○ Zucker, Sahne und Pralinen oder Gebäck zum Kaffee einsetzen.

○ Mokka, Kaffeespezialitäten oder Tee servieren.

○ Digestif und Tabakwaren anbieten, dazu Aschenbecher einsetzen.

○ Nicht mehr benötigtes Kaffeegeschirr abräumen.

○ Mundservietten entfernen.

○ Bis zum Ende der Veranstaltung Schaumwein oder andere Getränke nachschenken, Aschenbecher wechseln und Gäste individuell betreuen.

○ Gäste verabschieden und beim Anlegen der Garderobe behilflich sein.

Tagungsvereinbarung

Firma/Anschrift _____   Telefon _____

Straße _____   Fax _____

PLZ _____ Ort _____   E-Mail _____

Besteller _____

Art des Seminars/der Tagung _____

Seminarleitung/Ansprechpartner _____

Termin _____

Personenzahl _____

Anreise _____   Abreise _____

Zimmerreservierung   ☐ Einzel/Anz._____   ☐ Doppel/Anz._____   ☐ Suite/Anz._____
                     ☐ Ü/F ☐ HP ☐ VP   ☐ Ü/F ☐ HP ☐ VP   ☐ Ü/F ☐ HP ☐ VP

Tagungsraum   ☐ 1   ☐ 2   ☐ 3   ☐ 4   ☐ 5

Bestuhlung   ☐ Block   ☐ U-Form   ☐ V-Form   ☐ Stuhlkreis   ☐ Parlament   ☐ Stuhlreihen

Veranstaltungszeitplan

	Mo.	Di.	Mi.	Do.	Fr.	Sa.	So.
Beginn							
Pause							
Mittagessen							
Pause							
Abendessen							
Ende							

Tagungsgetränke _____

Kaffeepausen _____

Tagungstechnik

❏ Flipchart   ❏ Videorekorder   ❏ Rednerpult

❏ Overheadprojektoren   ❏ Videokamera   ❏ Mikrofonanlage

❏ Metaplanwand   ❏ Beamer   ❏ Mikrofon, drahtlos

❏ Moderationskoffer   ❏ Leinwand   ❏ ISDN-Anschluss

Rechnungsstellung	**Veranstalter**	**Teilnehmer**
Hotelarrangement/Tagungspauschale	❏	❏
Telefon/Fax	❏	❏
Pay-TV	❏	❏
Minibar	❏	❏
Garage	❏	❏
Tagungsgetränke	❏	❏
Kaffeepausen	❏	❏
Mahlzeiten	❏	❏
Getränke zu den Mahlzeiten	❏	❏
Verzehr an der Hotelbar	❏	❏
Sonstige Extras	❏	❏

Sonstiges _____

_____

_____

Bemerkungen _____

_____

_____

_____

Ort, Datum	Unterschrift des Kunden	Unterschrift des Beauftragten des Hotels

215

Tagungsvereinbarung

Firma/Anschrift *Firma Microhard Systems*

Straße *Gasse 12*

PLZ *73337* **Ort** *Bad Überkingen*

Besteller *Herr Rom Fisher*

Telefon *01 23/3 21 12 37*

Fax *01 23/3 21 12 38*

E-Mail *fisher.microhard@info.de*

Art des Seminars/der Tagung *Verkäuferschulung*

Seminarleitung/Ansprechpartner *Herr Rom Fisher*

Termin *5. März bis 8. März*

Personenzahl *12*

Anreise *5. März* **Abreise**, *8. März*

Zimmerreservierung ☒ Einzel/Anz. *11* ☐ Doppel/Anz. ____ ☒ Suite/Anz. *1*

☐ Ü/F ☐ HP ☒ VP   ☐ Ü/F ☐ HP ☐ VP   ☐ Ü/F ☐ HP ☒ VP

Tagungsraum ☐ 1 ☐ 2 ☐ 3 ☒ 4 ☐ 5

Bestuhlung ☐ Block ☐ U-Form ☒ V-Form ☐ Stuhlkreis ☐ Parlament ☐ Stuhlreihen

Veranstaltungszeitplan

	Mo.	Di., 5. 3.	Mi., 6. 3.	Do., 7. 3.	Fr., 8. 3.	Sa.	So.
Beginn		14.00 Uhr	8.30 Uhr	9.00 Uhr	8.30 Uhr		
Pause			10.00 Uhr	11.00 Uhr	10.00 Uhr		
Mittagessen			12.30 Uhr	13.00 Uhr	12.30 Uhr		
Pause		16.30 Uhr	16.30 Uhr	16.30 Uhr			
Abendessen		20.00 Uhr	19.00 Uhr	19.00 Uhr			
Ende		19.00 Uhr	22.00 Uhr	18.00 Uhr	12.30 Uhr		

Tagungsgetränke *Sortiment 1 im Rahmen der Tagungspauschale*

Kaffeepausen *im Rahmen der Tagungspauschale*

Tagungstechnik

☒ Flipchart ☒ Videorekorder ☐ Rednerpult
☒ Overheadprojektoren ☒ Videokamera ☐ Mikrofonanlage
☒ Metaplanwand ☒ Beamer ☐ Mikrofon, drahtlos
☒ Moderationskoffer ☒ Leinwand ☒ ISDN-Anschluss

Rechnungsstellung	Veranstalter	Teilnehmer
Hotelarrangement/Tagungspauschale	☒	☐
Telefon/Fax	☐	☒
Pay-TV	☐	☒
Minibar	☐	☒
Garage	☒	☐
Tagungsgetränke	☒	☐
Kaffeepausen	☒	☐
Mahlzeiten	☒	☐
Getränke zu den Mahlzeiten	☒	☐
Verzehr an der Hotelbar	☐	☒
Sonstige Extras	☐	☒

Sonstiges *Am 4.3. werden Gastgeschenke angeliefert, die vor Anreise auf die Zimmer verteilt werden müssen.*

Bemerkungen

_____ *Fisher* *Müller*
Ort, Datum Unterschrift des Kunden Unterschrift des Beauftragten des Hotels

217

Bankettvereinbarung

Art der Veranstaltung: _____

Veranstalter: _____

Anschrift: _____

_____

_____

_____

Telefon/Fax: _____

Veranstaltungsdatum: _____

Voraussichtliche Personenzahl: _____

Beginn der Veranstaltung: _____

Essensbeginn: _____

Ende der Veranstaltung: _____

Ansprechpartner: _____

Getränkefolge	Zeit	Speisenfolge
Zum Empfang im		
Zum Essen im		
Nach dem Essen		Mitternachtsimbiss

Räumlichkeiten:

Ansprachen:

Raumdekoration:

Mikrofon:

Tafelform/Tischanordnung:

Rednerpult:

Tischdekoration:

Fotograf:

Kerzen:

Tanzfläche:

Menükarten:

Kapelle/Künstler:

Tischkarten:

Speisen und Getränke Kapelle:

Tabakwaren:

Rahmenprogramm:

Garderobe:

Sonstiges:

Ausschilderung:

Bezahlungsweise:

Rechnungsanschrift:

Aufgenommen am:

von:

Unterschrift des Kunden

Unterschrift des Beauftragten des Betriebs

Bankettvereinbarung

Art der Veranstaltung: *Geburtstagsfeier*

Veranstalter: *Rolf Schneider*

Anschrift: *Gastrastr. 3*

70000 Stuttgart

Telefon/Fax: *01 23/99 98 99*

Veranstaltungsdatum: *Samstag, 6.2.*

Voraussichtliche Personenzahl: *68*

Beginn der Veranstaltung: *19.00 Uhr*

Essensbeginn: *20.00 Uhr*

Ende der Veranstaltung: *ca. 2.00 Uhr*

Ansprechpartner: *Herr Schneider*

Getränkefolge	Zeit	Speisenfolge
Zum Empfang im *Foyer Helfensteinsaal* *Open-Bar (Auswahl uns überlassen)*	*19.00*	
Zum Essen im *Helfensteinsaal* *Oberberger Bassgeige* *Grauburgunder Kabinett trocken* *Qualitätswein mit Prädikat* *Franz Keller, Oberbergen* *Kleinbottwarer Oberer Berg* *Spätburgunder Spätlese trocken* *Qualitätswein mit Prädikat* *Graf Adelmann, Kleinbottwar* *Mineralwasser, Säfte*	*20.00*	*Amuse-Bouche* *** *Rehpastete mit Cumberlandsauce* *** *Kresseschaumsüppchen mit Rauchlachsstreifen* *** *Filet Wellington, Béarner Sauce* *Gemüseauswahl, Herzoginkartoffeln* *** *Mousse au chocolat mit exotischem Fruchtsalat*
Nach dem Essen *Helfensteinsaal* *Kaffee und verschiedene Digestifs* *(Auswahl uns überlassen)* *Pils vom Fass (zum Mitternachtsimbiss)*	*23.30*	**Mitternachtsimbiss** *Suppenbüfett und Käseauswahl vom Brett* *(Zusammenstellung wird noch festgelegt)*

Räumlichkeiten: *Helfensteinsaal und Foyer*

Raumdekoration: *nein*

Tafelform/Tischanordnung: *E-Tafel*

Tischdekoration: *9 Gestecke*

Kerzen: *ja, Farbe auf Blumen abgestimmt*

Menükarten: *ja, 63 Stück*

Tischkarten: *vom Veranstalter*

Tabakwaren: *auf Wunsch, Einzelzahler!*

Garderobe: *wird besetzt, Gesamtrechnung*

Ausschilderung: *ja*

Bezahlungsweise: *Rechnung wird zugeschickt*

Aufgenommen am: *12.12.*

Ansprachen: *nach der Vorspeise, ca. 10 Min.*

Mikrofon: *nein*

Rednerpult: *nein*

Fotograf: *nein*

Tanzfläche: *ja (6 x 9 m)*

Kapelle/Künstler: *„Swing" (4 Personen) ab 20.00 Uhr (Aufbau ab 17.00 Uhr)*

Speisen und Getränke Kapelle: *Gesamtrechnung*

Rahmenprogramm: *wird noch bekannt gegeben*

Sonstiges: *alle Kosten auf Gesamtrechnung, außer Tabakwaren*

Rechnungsanschrift: *siehe links*

von: *Müller*

Schneider

Unterschrift des Kunden

Müller

Unterschrift des Beauftragten des Betriebs

Bankettvereinbarung Außer-Haus-Veranstaltung

Art der Veranstaltung: _____

Ort der Veranstaltung: _____

Veranstalter: _____

Anschrift: _____

_____

_____

Telefon/Fax: _____

Veranstaltungsdatum: _____

Voraussichtliche Personenzahl: _____

Beginn der Veranstaltung: _____

Essensbeginn: _____

Ende der Veranstaltung: _____

Getränkefolge	Zeit	Speisenfolge
Zum Empfang		
Zum Essen		
Nach dem Essen		

Räumlichkeiten/Zelt:

Raumdekoration:

Beleuchtung:

Extrastände:

Tische/Stühle:

Tafelform/Tischordnung:

Tischdekoration:

Geschirr:

Besteck:

Gläser:

Tischwäsche:

Garderobe:

Menü-/Tischkarten:

Tabakwaren:

Ansprachen:

Aufgenommen am: von:

Bühne:

Mikrofon:

Rednerpult:

Fotograf:

Tanzfläche:

Musik:

Kapelle/Künstler:

Speisen und Getränke Kapelle:

Personalbedarf:

Preisgestaltung:

Bezahlungsweise:

Rechnungsanschrift:

Sonstiges:

Unterschrift des Kunden   Unterschrift des Beauftragten des Betriebs

Bankettvereinbarung Außer-Haus-Veranstaltung

Art der Veranstaltung: *Sommerfest*

Ort der Veranstaltung: *Zelt, Firmengelände*

Veranstalter: *Firma Microhard Systems*

Anschrift: *Gasse 12*

73337 Bad Überkingen

Telefon/Fax: *01 23/3 21 12 37*

Veranstaltungsdatum: *Freitag, 22.6.*

Voraussichtliche Personenzahl: *220 (inkl. 40 Kinder)*

Beginn der Veranstaltung: *17.00 Uhr*

Essensbeginn: *18.30 Uhr*

Ende der Veranstaltung: *offen, ca. 2.00 Uhr*

Getränkefolge	Zeit	Speisenfolge
Zum Empfang *Champagner Ruinart* *Orangensaft, Mineralwasser*	*17.00*	*Zum Empfang kleine kalte und warme Würzbissen (Auswahl uns überlassen)*
Zum Essen *Zur Wahl:* *Chardonnay trocken* *Tafelwein HADES* *Weingut Fürst zu Hohenlohe-Öhringen* *Ihringer Winklerberg* *Spätburgunder Weißherbst Spätlese trocken* *Weingut Dr. Heger, Ihringen* *Königschaffhauser Steingrüble* *Spätburgunder Rotwein (Barrique) Spätlese trocken* *Winzergenossenschaft Königschaffhausen* **Nach dem Essen** *Es wird Kaffee angeboten*	*18.30*	*Mediterranes kalt-warmes Büfett laut gesonderter Aufstellung mit Firmenlogo als Schaustück (Zuckerfigur) Aufbau auf Marktständen Separater Kinderbereich mit extra Büfett und Spielecke*

Räumlichkeiten/Zelt: *durch Veranstalter*

Raumdekoration: *Kübel mit Buchsbäumen*

Beleuchtung: *durch Zeltverleiher, extra Strahler fürs Büfett werden berücksichtigt*

Extrastände: *für Kinderbüfett*

Tische/Stühle: *durch uns (sep. Aufstellung)*

Tafelform/Tischordnung: *runde Tische*

Tischdekoration: *sommerlich, blau und gelb*

Geschirr: *durch uns (sep. Aufstellung)*

Besteck: *durch uns (sep. Aufstellung)*

Gläser: *durch uns (sep. Aufstellung)*

Tischwäsche: *durch uns (sep. Aufstellung)*

Garderobe: *nein*

Menü-/Tischkarten: *ja (4 Stk. pro Tisch) / nein*

Tabakwaren: *nicht vorgesehen*

Ansprachen: *während des Empfangs*

Aufgenommen am: *20.3.* **von:** *Müller*

Bühne: *Aufbau durch Zeltverleiher*

Mikrofon: *Anlage von uns*

Rednerpult: *vom Veranstalter*

Fotograf: *vom Veranstalter*

Tanzfläche: *nein*

Musik: *Organisation durch Veranstalter*

Kapelle/Künstler: *Organisation durch Veranstalter*

Speisen und Getränke Kapelle: *Gesamtrechnung*

Personalbedarf: *muss noch festgelegt werden*

Preisgestaltung: *Material- und Personalpauschale*

Bezahlungsweise: *Rechnung wird zugeschickt*

Rechnungsanschrift: *siehe links*

Rechnung geht an Herrn Ron Fisher

Sonstiges: *Spielecke für die Kinder*

Fisher
Unterschrift des Kunden

Müller
Unterschrift des Beauftragten des Betriebs

Technische Einrichtungen und Anschlüsse

1. So weit das Hotel für den Veranstalter auf dessen Veranlassung technische und sonstige Einrichtungen von Dritten beschafft, handelt es im Namen, in Vollmacht und für Rechnung des Veranstalters.
Der Veranstalter haftet für die pflegliche Behandlung und die ordnungsgemäße Rückgabe. Er stellt das Hotel von allen Ansprüchen Dritter aus der Überlassung dieser Einrichtungen frei.

2. Die Verwendung von eigenen elektrischen Anlagen des Veranstalters unter Nutzung des Stromnetzes des Hotels bedarf dessen schriftlicher Zustimmung. Durch die Verwendung dieser Geräte auftretende Störungen oder Beschädigungen an den technischen Anlagen des Hotels gehen zu Lasten des Veranstalters, soweit das Hotel diese nicht zu vertreten hat. Die durch die Verwendung entstehenden Stromkosten darf das Hotel pauschal erfassen und berechnen.

3. Der Veranstalter ist mit Zustimmung des Hotels berechtigt, eigene Telefon-, Telefax- und Datenübertragungseinrichtungen zu benutzen. Dafür kann das Hotel eine Anschlussgebühr verlangen.

4. Bleiben durch den Anschluss eigener Anlagen des Veranstalters geeignete des Hotels ungenutzt, kann eine Ausfallvergütung berechnet werden.

5. Störungen an vom Hotel zur Verfügung gestellten technischen oder sonstigen Einrichtungen werden nach Möglichkeit sofort beseitigt. Zahlungen können nicht zurückbehalten oder gemindert werden, soweit das Hotel diese Störungen nicht zu vertreten hat.

Verlust oder Beschädigung mitgebrachter Sachen

1. Mitgeführte Ausstellungs- oder sonstige, auch persönliche Gegenstände befinden sich auf Gefahr des Veranstalters in den Veranstaltungsräumen bzw. im Hotel. Das Hotel übernimmt für Verlust, Untergang oder Beschädigung keine Haftung, außer bei grober Fahrlässigkeit oder Vorsatz des Hotels.

2. Mitgebrachtes Dekorationsmaterial hat den feuerpolizeilichen Anforderungen zu entsprechen. Dafür einen behördlichen Nachweis zu verlangen, ist das Hotel berechtigt. Wegen möglicher Beschädigungen sind die Aufstellung und Anbringung von Gegenständen vorher mit dem Hotel abzustimmen.

3. Die mitgebrachten Ausstellungs- oder sonstigen Gegenstände sind nach Ende der Veranstaltung unverzüglich zu entfernen. Unterlässt der Veranstalter das, darf das Hotel die Entfernung und Lagerung zu Lasten des Veranstalters vornehmen. Verbleiben die Gegenstände im Veranstaltungsraum, kann das Hotel für die Dauer des Verbleibs Raummiete berechnen. Dem Veranstalter bleibt der Nachweis eines niedrigeren, dem Hotel der eines höheren Schadens vorbehalten.

Haftung des Veranstalters für Schäden

1. Der Veranstalter haftet für alle Schäden an Gebäude oder Inventar, die durch Veranstaltungsteilnehmer bzw. -besucher, Mitarbeiter, sonstige Dritte aus seinem Bereich oder ihn selbst verursacht werden.

2. Das Hotel kann vom Veranstalter die Stellung angemessener Sicherheiten (z. B. Versicherungen, Kautionen, Bürgschaften) verlangen.

Schlussbestimmungen

1. Änderungen oder Ergänzungen des Vertrags, der Antragsannahme oder dieser Geschäftsbedingungen für Veranstaltungen sollen schriftlich erfolgen. Einseitige Änderungen oder Ergänzungen durch den Veranstalter sind unwirksam.

2. Erfüllungs- und Zahlungsort ist der Sitz des Hotels.

3. Ausschließlicher Gerichtsstand – auch für Scheck- und Wechselstreitigkeiten – ist im kaufmännischen Verkehr der Sitz des Hotels. Sofern ein Vertragspartner die Voraussetzung des § 38 Absatz 1 ZPO erfüllt und keinen allgemeinen Gerichtsstand im Inland hat, gilt als Gerichtsstand der Sitz des Hotels.

4. Es gilt deutsches Recht.

5. Sollten einzelne Bestimmungen dieser allgemeinen Geschäftsbedingungen für Veranstaltungen unwirksam oder nichtig sein, so wird dadurch die Wirksamkeit der übrigen Bestimmungen nicht berührt. Im Übrigen gelten die gesetzlichen Vorschriften.

Verbrauch an Tagungsgetränken

Datum:

Veranstalter	Helfensteinsaal			Salon Ödenturm			Salon Michelberg			Salon Längental		
Getränke	Bereit-gestellt	+ Voll zurück	Verbrauch zu verbuchen	Bereit-gestellt	+ Voll zurück	Verbrauch zu verbuchen	Bereit-gestellt	+ Voll zurück	Verbrauch zu verbuchen	Bereit-gestellt	+ Voll zurück	Verbrauch zu verbuchen
Afri-Cola												
Bluna												
Apfelschorle												
Überkinger												
Teinacher												
Fachingen												
Orangensaft												
Apfelsaft												
Johannisbeersaft												
Tomatensaft												
Tasse Kaffee		╳			╳				╳			
Tasse Tee											╳	

Verbrauch an Tagungsgetränken

Datum: _10.6._

Getränke	Helfensteinsaal _Merchant Systems_				Salon Ödenturm _Firma Fisher_				Salon Michelberg				Salon Längental _GAD_			
Veranstalter	Bereit-gestellt	+	Voll zurück	Verbrauch zu verbuchen	Bereit-gestellt	+	Voll zurück	Verbrauch zu verbuchen	Bereit-gestellt	+	Voll zurück	Verbrauch zu verbuchen	Bereit-gestellt	+	Voll zurück	Verbrauch zu verbuchen
Afri-Cola	60	21			10		6	4								
Bluna	60	19			10		7	3								
Apfelschorle	60	30			10		3	7					6	2		
Überkinger					10		-	10					6	4		
Teinacher	60	33			10		1	9					6	6		
Fachingen													6	1		
Orangensaft	60	34			10		4	6					6	4		
Apfelsaft	60	42											6	1		
Johannisbeersaft					10		8	2					6	1		
Tomatensaft					10		9	1					6	2		
Tasse Kaffee	140		✕		35		✕	35			✕		14	7	✕	
Tasse Tee	35		✕		14		✕	14			✕		7		✕	

Tagungsvereinbarung

Firma/Anschrift _____   Telefon _____

Straße _____   Fax _____

PLZ _____ Ort _____   E-Mail _____

Besteller _____

Art des Seminars/der Tagung _____

Seminarleitung/Ansprechpartner _____

Termin _____

Personenzahl _____

Anreise _____   Abreise _____

Zimmerreservierung ❑ Einzel/Anz.____   ❑ Doppel/Anz.____   ❑ Suite/Anz.____
                    ❑ Ü/F ❑ HP ❑ VP   ❑ Ü/F ❑ HP ❑ VP   ❑ Ü/F ❑ HP ❑ VP

Tagungsraum ❑ 1   ❑ 2   ❑ 3   ❑ 4   ❑ 5

Bestuhlung ❑ Block   ❑ U-Form   ❑ V-Form   ❑ Stuhlkreis   ❑ Parlament   ❑ Stuhlreihen

Veranstaltungszeitplan

	Mo.	Di.	Mi.	Do.	Fr.	Sa.	So.
Beginn							
Pause							
Mittagessen							
Pause							
Abendessen							
Ende							

Tagungsgetränke _____

Kaffeepausen _____

Tagungstechnik

☐ Flipchart   ☐ Videorekorder   ☐ Rednerpult

☐ Overheadprojektoren   ☐ Videokamera   ☐ Mikrofonanlage

☐ Metaplanwand   ☐ Beamer   ☐ Mikrofon, drahtlos

☐ Moderationskoffer   ☐ Leinwand   ☐ ISDN-Anschluss

Rechnungsstellung	**Veranstalter**	**Teilnehmer**
Hotelarrangement/Tagungspauschale	☐	☐
Telefon/Fax	☐	☐
Pay-TV	☐	☐
Minibar	☐	☐
Garage	☐	☐
Tagungsgetränke	☐	☐
Kaffeepausen	☐	☐
Mahlzeiten	☐	☐
Getränke zu den Mahlzeiten	☐	☐
Verzehr an der Hotelbar	☐	☐
Sonstige Extras	☐	☐

Sonstiges _____

_____

_____

Bemerkungen _____

_____

_____

Ort, Datum	Unterschrift des Kunden	Unterschrift des Beauftragten des Hotels

215

Agraffe
Drahtkörbchen über dem Korken bei Schaumweinflaschen; hält den Verschluss in der Flasche fest und sichert ihn dadurch gegen Heraustreiben.

Alpaka
Metall-Legierung aus Kupfer, Nickel und Zink zur Herstellung versilberter Bestecke.

Amuse-Bouche
Kleines Appetithäppchen, das meist als erste „Mini-Vorspeise" am Anfang eines mehrgängigen Menüs serviert wird und die Zeit bis zum Beginn des Essens überbrücken soll.

Amuse-Gueule
Siehe Amuse-Bouche.

Ausrichten
Das Ausrichten von Gedeckteilen wie Servietten, Gläser, Bestecke usw. hintereinander in einer geraden Linie.

Bain-Marie
Warmhaltebecken mit heißem Wasser, zum Bereithalten warmer Speisen in speziellen Einsätzen (siehe auch Chafing-Dish).

Barriquefass
In der Fachsprache gebräuchliche Bezeichnung für ein Eichenfass mit 225 l. Der Ausbau in Barriques zur Anreicherung des Weins mit Eichenholzaroma ist seit den vergangenen 80er-Jahren in Frankreich große Mode und wird heutzutage auch zunehmend in Deutschland praktiziert.

Beamer
Gerät zum Anschluss an einen PC oder Laptop an Stelle eines Bildschirms. Mit dem Beamer kann das Bild auf eine Leinwand projiziert werden. Der Raum, in dem ein solches Gerät betrieben wird, sollte zu verdunkeln sein.

Bouquet (auch Bukett)
Die Aromastoffe im Wein, die über das Riechen wahrgenommen werden können.

Brüche
Die Bügelfalten von Tischwäschegegenständen, die beim Mangeln entstehen.

Brunch
Wortkombination aus den englischen Wörtern „breakfast" (= Frühstück) und „lunch" (= Mittagessen); Frühstücksart, bei der das Büfett um vielfältige warme und kalte Speisen erweitert ist.

Catering
Außer-Haus-Service zur Durchführung von Veranstaltungen, die außerhalb des gastronomischen Betriebs stattfinden.

Chafing-Dish
Gerät mit Wasserbadeinsatz zum Heißhalten von Speisen auf einem Büfett (siehe auch Bain-Marie).

Cloches
Flache oder gewölbte Teller- oder Plattenhauben aus rostfreiem Stahl oder versilbertem Metall mit Griff oder Knauf zum Abdecken von warmen Speisen.

Consommé
Französischer Ausdruck für die Kraftbrühe.

Cromargan®
WMF-Bezeichnung für Bestecke und Tafelgeräte aus Chrom-Nickel-Stahl.

Damast
Bezeichnung für Tischwäschegegenstände aus reiner Baumwolle oder einem Mischgewebe aus Baumwolle und Zellulosefasern.

Degustation
Sensorische Prüfung von Getränken, meist Weinen, nach Aussehen, Geruch und Geschmack.

Dekanter
Karaffe aus Kristallglas zum Dekantieren von Weinen.

Dekantieren
Das Umfüllen von Rotweinen aus der Flasche in eine Karaffe, um dem Wein Sauerstoff zuzuführen und gegebenenfalls den Wein vom Depot zu trennen.

Dekantierkorb
Weinflaschenkorb zur erschütterungsfreien Lagerung von Rotweinen beim Dekantieren.

Dekor

Farb- oder Reliefmuster, besonders auf Glas- und Porzellanwaren.

Depot

Ablagerungen von Gerb- und Farbstoffen, die im Rotwein während des Reifens entstehen, sich im Verlaufe der langen Flaschenlagerung und -reifung am Boden der Flasche niederschlagen und nicht als Qualitätsmangel angesehen werden. Das Depot kann durch Dekantieren (siehe dort) vom klaren Wein getrennt werden.

Digestifs

Alkoholreiche, meist auch süße oder bittere Getränke, die nach dem Essen gereicht werden.

Dîner œnologique

Wein-Degustationsmenü, bei dem zu den einzelnen Menügängen jeweils mehrere korrespondierende Weine gleichzeitig angeboten werden. Es dürfen im Gedeck mehr als 4 Gläser platziert werden.

Drop-Stop

Dünne kreisförmige Kunststoff-Folie mit einem Durchmesser von etwa 7,5 cm; wird bei Rotweinen zusammengerollt in den Flaschenmund gesteckt und verhindert das Nachtropfen des Weins; kann im Bankettservice zur Schonung der Tischwäsche eingesetzt werden.

Entremets-Besteck

Besteckkombination aus Mittellöffel und Mittelgabel. Diese wird vor allem für gemischte Desserts, die auf großem oder tiefem Teller angerichtet sind, sowie für Vor- und Zwischengerichte, die nicht geschnitten werden, eingedeckt.

Essenzen

Geschmacksintensive, konzentrierte klare Suppen, die im Menü in kleinen Tassen serviert werden.

F & B

Abkürzung für Food & Beverage (engl. = Speisen und Getränke). Mit dieser Abkürzung wird der Wirtschaftsbzw. Restaurationsbereich eines gastronomischen Betriebs bezeichnet.

Fingerbowle

Kleines Schälchen aus Edelstahl, Cromargan® oder versilbertem Material; dient dem Gast bei Gerichten, die von ihm unter Zuhilfenahme der Hände verzehrt werden, zur Reinigung der Finger. Die Fingerschalen werden zu $3/4$ mit kaltem Wasser (für nicht fette Speisen, z. B. Spargel oder frisches Obst) oder warmem Wasser und einer Zitronenscheibe (für fette Speisen, z. B. Geflügel) gefüllt, in eine Serviettentasche eingeschoben und auf einem Mittelteller links oberhalb des Gedecks eingesetzt.

Flaschenkapsel

Schützende Hülle um den Flaschenmund aus verschiedenen Materialien. Man unterscheidet Siegellackkapseln, Stanniolkapseln, Kunststoffkapseln und Kapseln mit Reißfäden.

Function Sheet (Funktionsblatt)

Mit diesem aus dem Englischen stammenden Begriff bezeichnet man Bankettaufträge und -anweisungen, die alle mit dem Gast abgesprochenen Einzelheiten enthalten.

Hohlheftmesser

Diese Messer mit hohlen Heften bestehen aus einer geschmiedeten Messerklinge und einem aus zwei Halbschalen durch Schweißen und Löten zusammengefügten Heft. Die Hefte aus Alpaka oder Chrom-Nickel-Stahl werden mit einem Spezialzement gefüllt und mit den Klingen aus Chromstahl zusammengefügt.

Humidor (Feuchtigkeitsregler)

Aufbewahrungskisten für Havannazigarren aus Walnuss-, Mahagoni- oder Rosenholz sowie aus Plexiglas. Sie müssen innen unlackiert sein und über ein Befeuchtungssystem mit einem Hygrometer (Luftfeuchtigkeitsmesser) verfügen, mit dem man die optimale Feuchtigkeit von 70 bis 73 Prozent in der Schatulle überwachen kann. Der Deckel sollte schwer sein und dicht schließen.

Job-Description

Stellenbeschreibung, in der die organisatorischen Merkmale und Ziele der Stelle, Aufgaben, Verantwortungen und Befugnisse des Stelleninhabers sowie Anforderungen an ihn formuliert und festgelegt sind.

Bankettvereinbarung

Art der Veranstaltung: _____

Veranstalter: _____

Anschrift: _____

_____

_____

_____

Telefon/Fax: _____

Veranstaltungsdatum: _____

Voraussichtliche Personenzahl: _____

Beginn der Veranstaltung: _____

Essensbeginn: _____

Ende der Veranstaltung: _____

Ansprechpartner: _____

Getränkefolge	Zeit	Speisenfolge
Zum Empfang im		
Zum Essen im		
Nach dem Essen		Mitternachtsimbiss

Räumlichkeiten:

Raumdekoration:

Tafelform/Tischanordnung:

Tischdekoration:

Kerzen:

Menükarten:

Tischkarten:

Tabakwaren:

Garderobe:

Ausschilderung:

Bezahlungsweise:

Aufgenommen am:

Ansprachen:

Mikrofon:

Rednerpult:

Fotograf:

Tanzfläche:

Kapelle/Künstler:

Speisen und Getränke Kapelle:

Rahmenprogramm:

Sonstiges:

Rechnungsanschrift:

von:

Unterschrift des Kunden

Unterschrift des Beauftragten des Betriebs

Register

Bankettvereinbarung Außer-Haus-Veranstaltung

Art der Veranstaltung: _____

Ort der Veranstaltung: _____

Veranstalter: _____

Anschrift: _____

_____

_____

Telefon/Fax: _____

Veranstaltungsdatum: _____

Voraussichtliche Personenzahl: _____

Beginn der Veranstaltung: _____

Essensbeginn: _____

Ende der Veranstaltung: _____

Getränkefolge	Zeit	Speisenfolge
Zum Empfang		
Zum Essen		
Nach dem Essen		

Räumlichkeiten/Zelt:

Raumdekoration:

Beleuchtung:

Extrastände:

Tische/Stühle:

Tafelform/Tischordnung:

Tischdekoration:

Geschirr:

Besteck:

Gläser:

Tischwäsche:

Garderobe:

Menü-/Tischkarten:

Tabakwaren:

Ansprachen:

Aufgenommen am: von:

Bühne:

Mikrofon:

Rednerpult:

Fotograf:

Tanzfläche:

Musik:

Kapelle/Künstler:

Speisen und Getränke Kapelle:

Personalbedarf:

Preisgestaltung:

Bezahlungsweise:

Rechnungsanschrift:

Sonstiges:

_____
Unterschrift des Kunden

_____
Unterschrift des Beauftragten des Betriebs

Der Autor

Thomas E. Goerke hat sein Fach von der Pike auf gelernt. Nach dem Besuch der Hotelberufsfachschule Bad Reichenhall und anschließender Ausbildung im Steigenberger Airport Hotel in Frankfurt arbeitete er in folgenden Positionen: Commis, Demichef, Chef de rang, Oberkellner, Bankettleiter, Wirtschaftsdirektor sowie als Hotelgeschäftsführer, und sogar ein eigenes Hotel garni betrieb er zeitweilig. Neben seinem beruflichen Engagement legte er die Ausbildereignungs- und Serviermeisterprüfung sowie Hotelmeisterprüfung ab. Inzwischen widmet er sich seit vielen Jahren mit demselben Enthusiasmus der Ausbildung des Berufsnachwuchses: Als Technischer Lehrer für die Fächer Technologiepraktikum, Service und Organisation an der Landesberufsschule für das Hotel- und Gaststättengewerbe in Bad Überkingen gibt er seinen Erfahrungsschatz weiter.

Der Fotograf

Michael Rieger, selbstständiger Fotodesigner seit 1991.
Im eigenen Studio in Geislingen an der Steige entsteht anspruchsvolle Werbefotografie – analog und digital – mit Schwerpunkt auf die Produktbereiche Metall und Glas, sowohl für Direktkunden als auch für Agenturen und Verlage.

Impressum

ISBN 3-87516-730-9
2., überarbeitete Auflage
Alle Rechte vorbehalten.
Nachdruck, auch auszugsweise, sowie Verbreitung durch Fernsehen,
Film und Funk, durch Fotokopie, Tonträger
oder Datenverarbeitungsanlagen jeder Art
nur mit schriftlicher Genehmigung des Verlags gestattet.

Fotografie: Fotodesign Rieger, Geislingen/Steige

© 2004 by Matthaes Verlag GmbH, Stuttgart
Printed in Germany